SAUVAGE & Souveraine

ISBN du coffret : 978 2 73391 549 3

Illustrations : © Laetitia Limozin
Maquette : Jessica Maestripieri
Responsable éditoriale : Marine Brossard

Imprimé en Chine par Toppan Leefung

Dépôt légal : mars 2023

Groupe Piktos
355, rue de la Montagne Noire - 31750 Escalquens

www.grancher.com

grancher@piktos.fr
@editionsgrancher_officiel

Ce livre ne peut être vendu séparément du coffret.

PATRICIA OLIVE
ILLUSTRATIONS DE LAETITIA LIMOZIN

SAUVAGE & Souveraine

UN ORACLE ROND
POUR DES FEMMES EN QUÊTE
DE LEUR NATURE PROFONDE

Grancher

SOMMAIRE

Puisse cet oracle, ne serait-ce
que par la beauté de ses dessins et de
ses mots, transformer les peurs en espoirs,
guérir les cœurs meurtris, redonner du baume
à l'âme surprise par la violence ou par l'ombre.

Puisse ce jeu vous prendre par la main, rééquilibrer votre
corps et votre esprit, vous reconnecter à la nature et à votre
véritable identité, vous inspirer et honorer la vie qui est en vous.

Je dédie cet oracle à Clarissa Pinkola Estés,
puissante inspiratrice qui me guide depuis 1996
avec son œuvre majeure, *Femmes qui courent
avec les loups* (Grasset, 1996).

Et je remercie vivement E., sans qui ce
texte n'aurait jamais vu le jour.

AVANT-PROPOS

À L'ORIGINE DE L'ORACLE

J'ai, depuis des années, une impulsion créatrice qui me pousse à divulguer ce qui m'habite et m'anime. À l'origine de la création de ce jeu se trouve, d'abord, une intuition forte que j'ai eu envie d'écouter et de concrétiser de la plus belle des manières. Mais ce sont aussi mes années d'expérience dans le domaine de l'art, de la danse, du développement personnel et de la spiritualité qui m'ont montré à quel point certains outils peuvent être puissants pour nous aider à nous sentir davantage à notre place, vivantes et épanouies. J'ai eu envie de réunir ces forces créatrices dans un jeu ; j'ai souhaité les rendre accessibles à toutes et les sublimer. Cet oracle s'adresse au féminin qui est en chacun·e de nous, mais en particulier aux femmes : c'est pour cette raison que j'ai choisi de l'écrire au féminin.

L'oracle est né d'un programme de connaissance de soi, « Le Délice d'être soi® », qui comprend tous les enseignements dispensés ici et qui s'est déroulé sur une année, en six étapes évolutives, avec un groupe de neuf participantes.

Ce jeu donne l'occasion de réfléchir, de ressentir, mais aussi de lâcher prise, lorsqu'on se laisse porter par la guidance des cartes.

Grâce à lui, je souhaite vous transmettre certains des enseignements essentiels qui ont marqué ma vie et l'ont illuminée. Chaque événement, chaque traumatisme, chaque doute ont leur raison d'être – comme chaque saison a son sens et son influence sur nos étapes de vie.

DES CARTES QUI INSUFFLENT LA VIE

Les illustrations des cartes nous permettent de ressentir les bienfaits des couleurs et des courbes, et de revenir à notre corps. Elles nous autorisent à rêver et à nous sentir plus légères.

Pour la mise en image des différents thèmes, l'illustratrice, Laetitia Limozin, a eu recours à de multiples techniques : crayons, feutres pinceaux, encres, aquarelles, photographies, modelages. Telle une cuisinière s'essayant à la création d'un plat dont la recette n'est pas encore écrite, elle a marié numériquement ces différents ingrédients jusqu'à obtenir une composition équilibrée et des couleurs savoureuses.

Ses créations, à l'écoute du vivant, de la nature et des saisons, sont aussi à l'écoute de la femme sauvage qui est en elle : une femme libérée, joyeuse, spontanée et puissante !

MON PARCOURS

En tant que mère, épouse, artiste, pédagogue, entrepreneuse et guérisseuse de l'âme, je souhaite inspirer les femmes pour qu'elles deviennent le meilleur d'elles-mêmes, sur le plan personnel comme professionnel.

Le fil rouge de mon parcours, c'est la quête de soi. J'ai été danseuse puis artiste chorégraphique durant trente-quatre ans. Parallèlement, j'ai eu l'immense privilège de collaborer avec l'équipe du psychanalyste et écrivain Guy Corneau. Je me suis aussi formée à la pratique somatique du Body Mind Centering® dont je suis aujourd'hui praticienne et formatrice. Ce parcours riche et intense me permet de considérer l'humain à la fois dans sa totalité et dans sa singularité. Depuis 2017, au sein de Danse et Sens®, je propose des programmes immersifs, destinés aux femmes, dans lesquels je mobilise le corps, la créativité et l'interaction avec les saisons pour faire connaissance avec soi et entrer dans la danse du monde.

La relation avec la nature est pour moi primordiale, et le cycle de la saisonnalité est un sujet que j'ai beaucoup traité en tant que chorégraphe et enseignante en danse, notamment en plein air. Je suis une fille des montagnes : je suis née dans les Hautes-Alpes, j'ai grandi en Maurienne et j'habite aujourd'hui dans le Vercors. J'ai vécu l'impact des saisons sur mes propres étapes de vie, reliant ce que vivait la nature à ce que je vivais moi-même, de la destruction à la reconstruction, de la mort à la renaissance, symboliquement et spirituellement.

Je me suis alors intéressée de près à l'épanouissement personnel, à ces personnes qui traversent des étapes de vie-mort-vie, tout comme la nature. Puisque nos ancêtres vivaient en totale osmose avec elle – ils évoluaient au rythme circadien, observaient la lune pour semer ou récolter , il m'a paru essentiel de me reconnecter à eux dans une quête de l'essence du vivant. Car ils donnent des repères, renforcent notre identité, nous transmettant un héritage et une histoire familiale.

Je rêve d'un monde où les femmes seraient davantage autrices de leur propre parole et actrices de leur vie grâce à la connaissance qu'elles auraient d'elles-mêmes et de leur corps. Elles mèneraient ainsi leur vie en accord avec ce qu'elles sont et ce qu'elles veulent, et ouvriraient le champ des possibles.

Je me suis donné pour mission d'accompagner les femmes dans l'exploration de leur corps et de leurs trésors, en recherchant l'équilibre du corps et de l'esprit autant que la sensation d'être pleinement vivante.

L'ILLUSTRATRICE : LAETITIA LIMOZIN

Formée aux Arts décoratifs de Paris, Laetitia Limozin a exercé le métier d'architecte d'intérieur et de scénographe pendant vingt ans.

Grâce à un retour à la campagne, elle a renoué pleinement avec ses ressources artistiques et son envie irrépressible de créer et de concevoir : elle est devenue artiste d'écologie intérieure.

Elle puise son inspiration dans la contemplation de la nature précieuse, dans la danse libre, la musique et les voyages.

En illustrant cet oracle, elle témoigne de sa sensibilité pour les femmes en quête de sens et espère que ses créations artistiques les ramèneront à elles-mêmes, favoriseront leur bien-être et leur permettront de renouer avec la nature et avec leur corps.

PRÉSENTATION DE l'oracle & MÉTHODES DE tirage

À QUI S'ADRESSE CET ORACLE ?

Cet oracle est fait pour vous si :

- Vous êtes en quête de vous-même, vous cherchez à découvrir votre véritable nature afin de l'accepter et de la vivre pleinement.
- Vous êtes consciente que vous avez tout en vous, mais vous ne parvenez pas à l'exprimer.
- Vous êtes à un moment de transition (divorce, reconversion professionnelle, changement de vie, départ de vos enfants, convalescence après une grave maladie ou un accident, deuil, burn-out...), et vous vous posez des questions.
- Vous souhaitez vous reconnecter profondément à ce qui vous constitue.
- Vous savez déjà que bouger votre corps, c'est délier votre esprit, mais vous avez besoin d'un coup de pouce pour identifier ce qui est bloqué et vous laisser guider.
- Vous êtes mal dans votre peau, vous avez envie de vous réaligner avec ce que vous êtes et de chérir autant votre corps que votre esprit.
- Vous avez besoin de sentir que votre vie a un sens.

- Vous aspirez à plus de paix, de détente, de créativité et de liberté.
- Vous souhaitez vous reconnecter à la nature et aux saisons.
- Vous aspirez à élever votre conscience afin d'entrer dans la danse du monde.

PRÉSENTATION DE L'ORACLE

Avez-vous remarqué à quel point les phénomènes de la nature sont le miroir de ceux qui nous traversent ? N'avez-vous jamais ressenti que nos corps abritent et racontent nos histoires ? N'avez-vous jamais observé les liens délicats qui existent entre mouvement et créativité ?

L'oracle *Sauvage & Souveraine* a pour vocation de vous emmener en voyage vers l'intérieur de vous-même, dans le monde riche et extraordinaire, sauvage et plein de mystère qui vit sous votre peau. Partons ensemble à la découverte de votre saisonnalité intérieure, explorons l'univers qui habite en secret chacune de nous et entrons dans la danse de la femme souveraine, joyeuse et libre.

Sur la route, les créatures rencontrées, celles qui peuplent notre inconscient, deviennent de merveilleuses partenaires de jeu. Elles nous invitent à renouer avec notre élan créateur, à enjamber les éboulis, à retrouver l'essence de ce qui fait battre notre cœur. Une étape après l'autre, nous sommes en quête de celle qui sommeille en nous. Ce guide veut vous permettre de ressentir enfin le délice d'être soi.

Sauvage & Souveraine, ce sont 42 cartes qui s'appuient sur quatre dimensions de l'être – le corps, la spiritualité, la créativité et la connaissance de soi – et définissent les six étapes d'un parcours qui mène à l'essence de ce que nous sommes. Chaque carte est associée à l'une de ces quatre dimensions.

Dans les six étapes du jeu, nous retrouverons les quatre saisons, miroir des différentes phases de notre existence. Car à l'image de la nature, nous vivons chacune notre propre saisonnalité sur des périodes plus ou moins longues, selon ce que nous avons vécu et ce qu'il nous reste à comprendre ou à accepter. S'ajoutent aux saisons classiques (l'automne, l'hiver, le printemps et l'été) les temps de « la femme sauvage » et de « la femme souveraine ». L'étape de la femme sauvage correspond au travail qui nous lie à notre part instinctuelle, naturelle, et à notre puissance féminine. Elle se situe entre l'hiver et le printemps car après la stase de l'hiver, la femme a besoin de retrouver sa part animale, sa force de vie, pour renaître au printemps et poursuivre son évolution. L'étape de la femme souveraine arrive à la fin du parcours : elle est le résultat des prises de conscience survenues lors des étapes précédentes. C'est le temps de l'accomplissement.

Au fil des cartes, nous nous orienterons vers notre moi profond en nous aventurant avec confiance dans la réalisation d'exercices variés : rituels, visualisations, danses, arts créatifs ou encore réflexions sur nos schémas psychologiques. Ces pratiques nous permettront, chacune à notre manière, de nous découvrir, de faire connaissance avec le meilleur de nous-mêmes, avec ce qui nourrit notre élan créateur, ou élan de vie, comme l'expose mon ami Guy Corneau dans *Le Meilleur de soi* (J'ai Lu, 2009).

Nous vous proposerons, pour chaque carte, une citation afin d'en cerner le message, la description symbolique du thème abordé ainsi qu'un message spécifique. Comme chaque femme est différente et a un parcours de vie qui lui est propre, plusieurs significations seront exposées afin que chacune de vous puisse trouver l'interprétation qui résonnera en elle. Enfin, une mise en application est proposée sous la forme d'un ou plusieurs exercices physiques afin de passer du mental au corps.

LES MÉTHODES DE TIRAGE

NOS CONSEILS POUR RÉALISER UN TIRAGE

- Prenez le jeu entier en main, tapez trois fois dessus pour enlever l'énergie du tirage précédent ou celle de la personne qui s'en est servie avant vous.
- Mélangez le jeu en y imprégnant votre énergie et en pensant à la question que vous voulez poser. Plus votre question sera précise, plus vous aurez de chance d'avoir une réponse précise. Vous n'êtes pas obligée de poser une question, vous pouvez faire un tirage en pensant à la date du jour et en voyant ce qui vient, sans réfléchir.
- Étalez le jeu devant vous en demi-cercle afin d'avoir accès à un maximum de cartes.
- Fermez les yeux et passez votre main sur le jeu, à quelques centimètres de lui, en prêtant attention à l'attirance énergétique de votre main (gauche, de préférence : la main du cœur) pour tirer une carte. Vous pouvez repasser plusieurs fois au-dessus du jeu pour mieux ressentir cette attirance. Mais n'hésitez pas trop : laissez-vous guider tout en restant spontanée !

✷ Pointez ensuite votre majeur sur une carte, sortez-la du jeu et retournez-la. Répétez cette opération s'il s'agit d'un tirage à plusieurs cartes, puis rassemblez toutes les autres cartes pour vous consacrer à la lecture du ou des messages reçus.

✷ Vous pouvez prendre en photo la ou les cartes tirées pour vous en imprégner et noter ce qui vous parle dans un carnet de suivi en indiquant la date du tirage.

✷ Rangez le jeu précieusement dans son coffret, comme s'il s'agissait d'un trésor : il est un ami cher dont il faut prendre soin.

✷ Délectez-vous de votre tirage, parlez-en avec un·e ami·e et honorez le message reçu.

✷ Je déconseille les tirages trop fréquents (pas plus d'un par jour, par exemple), qui n'auraient plus de sens et risqueraient de vous troubler plus qu'autre chose.

LES TIRAGES CLASSIQUES

Le tirage de guidance : une carte

C'est un tirage que l'on peut faire chaque jour ou chaque semaine, avec ou sans question précise.

Tirez une carte du jeu complet et découvrez le message sur lequel vous pouvez réfléchir et vous appuyer.

Exemple

Vous piochez la carte **Abondance** : elle signifie que vous allez recevoir ce dont vous avez besoin ou ce pour quoi vous avez travaillé dur, ou elle vous enjoint d'être plus attentive, car tout est déjà là. Ayez dans ce cas de la gratitude pour ce que vous avez déjà.

Le tirage de connaissance de soi : trois cartes

Triez les cartes pour ne garder que celles de la dimension « connaissance de soi », puis tirez trois cartes.

- La première carte correspond aux éléments Yin (passifs, inconscients) dont vous devez prendre conscience pour appréhender avec lucidité votre situation et votre positionnement.
- La deuxième carte correspond aux éléments Yang (actifs, conscients) qui sont les forces à l'œuvre ou que vous possédez, mais qu'il vous faut activer pour grandir.
- La troisième carte correspond à votre potentiel d'évolution ou à ce qu'il vous apportera si vous tenez compte des messages des deux cartes précédentes.

Exemple

Voici les trois cartes de votre tirage :

Carte n° 1 – **Intuition** (17) : vous n'utilisez probablement pas suffisamment votre intuition. Vous la laissez dormir ou ne l'écoutez pas, alors qu'elle a un grand pouvoir.

Carte n° 2 – **Spirale** (23) : vous êtes en plein processus de renaissance. L'action de monter vers le ciel ou de vous verticaliser pour faire le lien avec la Terre est très présente chez vous en ce moment.

Carte n° 3 – **Retour à soi** (14) : si vous prenez suffisamment conscience des messages des deux premières cartes (utiliser votre intuition et vous mettre debout), vous créerez assez d'espace en vous pour que votre part sacrée y résonne et vous régénère.

Le tirage pour appréhender une situation donnée : trois cartes

Vous pouvez soit utiliser le jeu complet, soit isoler les cartes de la dimension qui vous intéresse si le problème que vous rencontrez est en lien avec une dimension particulière (votre corps, votre spiritualité, votre créativité ou la connaissance de vous-même). Tirez trois cartes du paquet complet ou du jeu réduit à une seule dimension.

- La première carte représente les éléments du passé en rapport avec la situation actuelle.
- La deuxième carte indique le message qui pourra aujourd'hui vous apporter du soutien, de l'aide.
- La troisième carte représente le futur, l'évolution potentielle de la situation si vous prenez en compte le message de la carte n° 2.

Exemple

Vous avez du mal à vous exprimer et aimeriez vous sentir plus libre d'affirmer vos opinions. Pensez fermement à votre situation en piochant les cartes.

1 2 3

Carte n° 1 – **Floraison** (28) : plus jeune, vous étiez joyeuse et vous rayonniez. Vous êtes invitée à renouer avec cette part de vous toujours présente, mais que vous avez oubliée.

Carte n° 2 – **Confiance en soi** (33) : pour ancrer cette situation qui vous procurerait de nombreux bienfaits, vous devez prendre confiance en vous et croire en vous. N'hésitez pas à plonger dans l'inconnu.

Carte n° 3 – **Remember** (42) : si vous écoutez le message de la carte précédente, progressivement vous vaincrez votre difficulté à oser. Et bientôt, vous ne ferez plus qu'une, vous vous alignerez avec vous-même et saurez qui vous êtes.

LES TIRAGES SPÉCIFIQUES DE CE JEU

Le tirage du cycle menstruel : quatre cartes

Vous pouvez soit utiliser le jeu complet, soit isoler les cartes de la dimension « corps ». Tirez quatre cartes du paquet complet ou du jeu réduit.

- La première carte correspond à la **phase de la vierge** (semaine 1) : c'est la période qui s'étend de la fin des règles jusqu'à l'ovulation. L'envie de sortir de notre grotte commence à se faire sentir, nous sommes prêtes à reprendre des interactions avec les autres. Notre énergie revient petit à petit au cours de cette période. C'est le moment où nous sommes le plus efficaces.
- La deuxième carte correspond à la **phase de la mère** (semaine 2). Il s'agit du moment de l'ovulation. Notre énergie et notre rayonnement sont à leur paroxysme. C'est la phase du cycle menstruel où nous sommes le plus tournées vers l'extérieur, le moment où notre empathie est la plus développée, où notre lien aux autres est le plus important.

- La troisième carte correspond à la **phase de l'enchanteresse** (semaine 3). Le cycle féminin se termine par la période qui va de l'ovulation jusqu'aux prochaines règles. Comme la lune ou les saisons, après avoir atteint le point culminant de notre cycle, nous allons tranquillement redescendre en énergie pour nous diriger vers une période où nous allons nous recentrer sur notre intériorité : la phase de la sorcière.
- La quatrième carte correspond à la **phase de la sorcière** (semaine 4). Cette phase correspond à la période des règles. C'est le moment où nous sommes davantage tournées vers l'intérieur que vers les autres, où nous avons besoin de nous reposer. Les saignements peuvent être perçus comme une purification, comme un hiver qui s'apprête à accueillir le printemps. Lorsqu'on a la chance de pouvoir gérer son agenda, c'est une période où il faudrait éviter de le surcharger, de courir à droite, à gauche, ou d'être en lien avec trop de monde.

Exemple

Voici les cartes tirées :

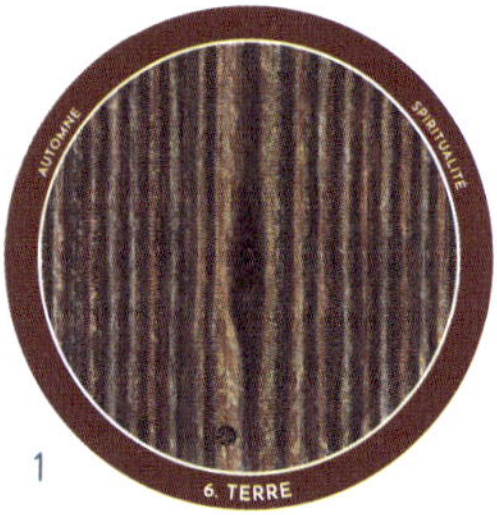

1

2

3

4

Carte n° 1 – **Terre** (6) : cette carte vous rappelle qu'il est bon de penser à vous et de prendre soin de vous durant cette phase de la vierge où vos règles se terminent et où l'énergie commence doucement à remonter. La Terre est là pour vous accueillir et vous soutenir.

Carte n° 2 – **Dépouillement** (9) : vous avez besoin d'être au plus proche de vous-même, sans aucun artifice ni rien qui vous encombre, pour que votre ovulation et les projets qu'elle porte puissent être féconds.

Carte n° 3 – **Nudité** (16) : n'hésitez pas à vous mettre à nu pour créer l'espace intime nécessaire à la phase de l'enchanteresse durant laquelle vous vivrez votre pleine puissance de femme.

Carte n° 4 – **Ensemencière** (25) : en cette dernière phase du cycle où votre énergie redescend, vous devez vous concentrer sur les graines que vous souhaitez semer pour le prochain cycle à venir.

Le tirage des saisons : quatre cartes

Ce tirage nous permet d'avoir une vue d'ensemble sur l'année. Nous partons du principe que l'année énergétique commence à l'automne, il est donc préférable de le réaliser en cette saison. Mais ce tirage peut aussi être effectué au début de l'hiver (Nouvel An) ou du printemps (renaissance symbolique).

Constituez quatre paquets de cartes que vous regrouperez par saison – les cartes « automne », les cartes « hiver », les cartes « printemps » et les cartes « été » – puis tirez une carte dans chacun de ces paquets.

Ce tirage vous permettra de connaître la tendance dominante de chacune des saisons pour l'année qui s'annonce. Portez votre attention sur le message de la carte tirée pour mieux franchir chaque passage ou appréhender une situation ou un événement saisonnier.

Exemple

Voici les cartes tirées :

1

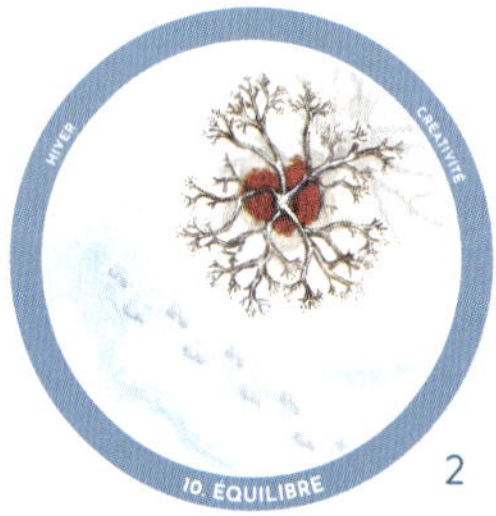

2

3

4

Carte « automne » – **Humus** (1) : vous allez devoir consacrer l'automne à vous séparer en conscience de ce qui ne vous convient plus afin de pouvoir redéfinir, plus tard, ce qui est vraiment bon pour vous.

Carte « hiver » – **Équilibre** (10) : durant l'hiver, il se peut que vous soyez confrontée à vos parts d'ombre. N'ayez crainte, elles sont utiles et bénéfiques à votre équilibre intérieur. Petit à petit, vous allez apprendre à les adopter et à les chérir.

Carte « printemps » – **Pulsion créatrice** (24) : au printemps, vous serez stimulée par le renouveau. Votre créativité fusera, et les idées novatrices pourront se déployer dans l'espace que vous leur aurez fait pendant l'automne.

Carte « été » – **Ode au féminin** (35) : vous redécouvrirez votre corps et votre rapport à la sexualité avec l'avènement de l'été. Soyez attentive à ce qui se passe au creux de votre ventre, vous pourriez être surprise !

Le tirage des évolutions : quatre cartes

Triez les cartes selon leur appartenance aux dimensions « corps », « spiritualité », « créativité » et « connaissance de soi » afin de constituer quatre paquets. Tirez ensuite une carte dans chaque tas.

- La carte « corps » indique la relation que vous avez avec votre corps, les expériences corporelles que vous avez vécues ou que vous désirez vivre.
- La carte « créativité » reflète le domaine dans lequel votre créativité s'exprime ou ce qui vous fait obstacle pour libérer votre pouvoir créateur.
- La carte « spiritualité » vous invite à prendre soin du Grand Tout, à vous attarder sur le lien que vous avez avec la nature et la lune, à réfléchir à la façon dont vous en tenez compte.
- La carte « connaissance de soi » évoque la façon dont vous avez approfondi (ou pas) les questions autour de votre identité, de votre essence.

Exemple

Voici les cartes tirées :

1

2

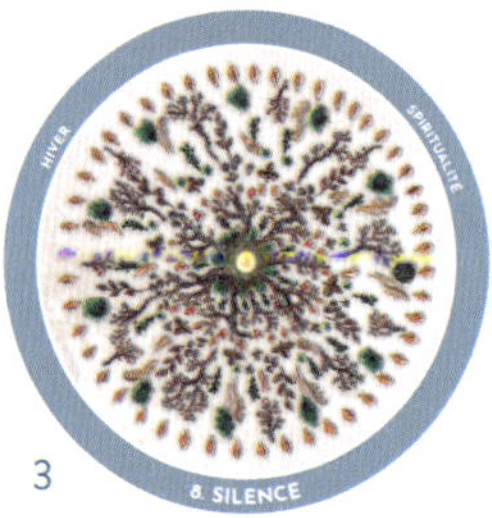

3

4

Carte « corps » – **Ancrage** (4) : vous avez du mal à vous incarner. Vous préférez flotter et rester dans les nuages plutôt que sentir la lourdeur de la matière. Mais il est important de trouver un équilibre entre Terre et Ciel, cela n'empêchera pas votre imagination de gambader !

Carte « créativité » – **Image de soi** (21) : Vous êtes persuadée que vous n'êtes pas créative ! Dépassez cette image de vous-même et réalisez un dessin, écrivez un texte ou dansez sans vous soucier des apparences et en montrant votre monde intérieur tel qu'il est : riche, abondant, libre, sauvage....

Carte « spiritualité » – **Silence** (8) : votre évolution spirituelle requiert du silence, de la présence à soi. Calmez votre brouhaha intérieur ou tout ce qui vous agite.

Carte « connaissance de soi » – **Vision de soi** (13) : vous avez besoin de transformer votre vision de vous-même. Vous pourriez avoir plus d'indulgence envers vos défauts ou vos difficultés à entrer en relation avec les autres, ou voir ce que vous avez de beau en vous-même au lieu de vous autoflageller…

Le tirage du meilleur de soi : sept cartes

Triez le jeu selon les six étapes (« automne », « hiver », « femme sauvage », « printemps », « été » et « femme souveraine ») dont il est constitué : chaque paquet doit compter sept cartes.

Piochez une carte dans chacun des six tas, dans l'ordre suivant :

Étape n° 1 – Remise en question : qu'est-ce qui doit mourir ?

Étape n° 2 – Retour à soi, dépouillement : qui suis-je aujourd'hui ?

Étape n° 3 – Nature instinctuelle : comment j'exprime ma puissance intérieure ?

Étape n° 4 – Renaissance : de quelle manière suis-je créative ?

Étape n° 5 – Abondance : quels sont les fruits de mon travail ?

Étape n° 6 – Accomplissement : quelle est ma place dans le monde ?

Puis mélangez toutes les cartes qui n'ont pas été tirées et piochez parmi elles une septième carte. Elle représente ce qui peut advenir ou vous aidera à aller vers ce devenir : le meilleur de vous-même.

Exemple

Voici les cartes tirées :

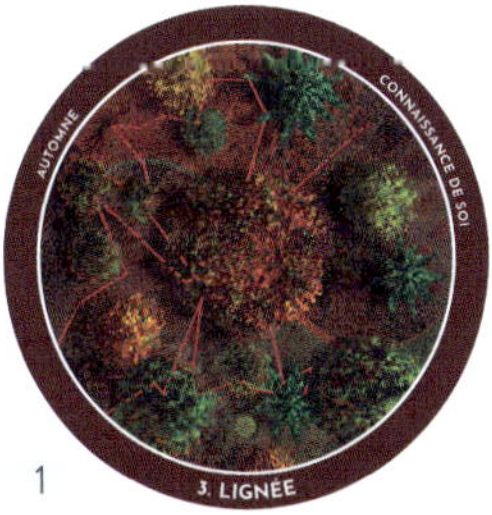

1

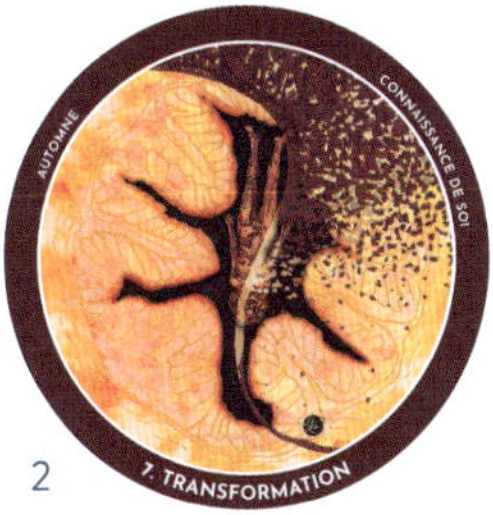

2

3

4

5

6

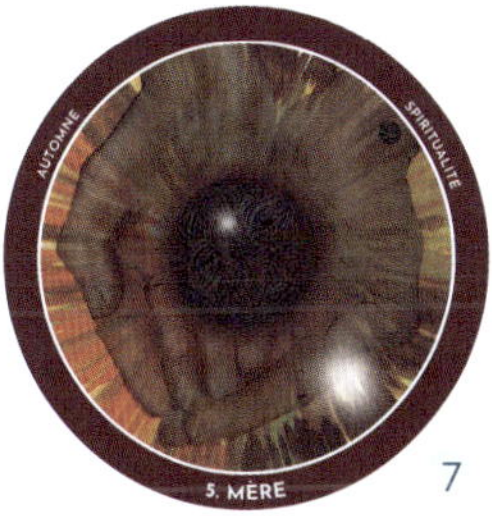

7

Carte n° 1 – **Lignée** (3) : pour avancer, vous devez laisser mourir les histoires de vie de vos ancêtres. Elles ne vous appartiennent pas, mais vous contraignent encore aujourd'hui.

Carte n° 2 – **Transformation** (7) : vous avez déjà bien évolué vers votre être intérieur, la transformation est amorcée. Le passé semble loin maintenant, vous êtes capable de vous en détacher et d'aller de l'avant.

Carte n° 3 – **Animalité** (15) : vous trouverez votre puissance dans votre part animale, et plus particulièrement dans votre corps. Faites-lui confiance et laissez-vous aller.

Carte n° 4 – **Air** (22) : votre créativité n'attend qu'une chose, que vous preniez votre envol ! Il vous suffira de vous lancer pour sentir à nouveau votre créativité vous faire pousser des ailes.

Carte n° 5 – **Détente** (30) : vous avez assez travaillé, vous récolterez les fruits de votre labeur en vous reposant. Accordez-vous une bonne dose de repos et de détente, ou vous risqueriez de perdre beaucoup.

Carte n° 6 – **Individuation** (40) : pour trouver votre place dans le monde, vous devez d'abord couper certains liens et vous séparer des personnes sur lesquelles vous vous reposez. Elles resteront près de vous, mais vous aurez chacune votre place.

Carte n° 7 – **Mère** (5) : vous allez devenir maman et vous accomplir ainsi, ou alors vous allez vous réconcilier avec votre mère, ce qui vous permettra enfin de vous réaliser. Vous assumerez davantage votre statut d'adulte.

LES 42 CARTES DE SAUVAGE & Souveraine

AUTOMNE

1. HUMUS

Créativité

« Être humble, c'est avoir la force d'être touché(e), bousculé(e), ouvert(e) à la vie et à ce qui advient. »

Fabrice Midal

Le mot « humus » évoque l'humanité, l'humilité et l'humidité. Il est un symbole, celui de la quintessence vitale. Sans humus, la terre est stérile et le désert s'installe. C'est une matière en perpétuelle évolution, à l'intérieur de laquelle les processus de dégradation et de formation sont simultanés.

Tout y est recyclé, tout y trouve son utilité. Ce qui semblait mort et inutile devient une source inépuisable de créativité : un garde-manger, une réserve d'eau, desquels se repaître et se gargariser pour ensuite se régénérer, vivre et créer. On peut considérer que l'humus est vital.

Les mots « humus » et « homme » proviennent tous deux de la même racine qui désigne la terre : « homme » vient du latin *homo*, lui-même dérivé d'*humus* : à la différence des dieux qui habitent le ciel, les hommes sont donc terrestres... Mais c'est tout de même par rapport aux dieux qu'ils voudraient se penser et c'est à eux qu'ils se comparent.

MESSAGE

Vous avez besoin de créer votre propre écosystème afin de retrouver votre élan créateur. Cela passe par la mise en place d'un pot-pourri d'idées, de valeurs, d'envies, de schémas qui ne vous servent plus.

Vous avez réussi à vous séparer de ce qui ne fonctionnait plus. Choisissez de regarder cette matière devenue obsolète d'un autre œil : elle est le terreau d'un renouveau.

Acceptez de vivre un moment dans le chaos et observez ses formes, ses couleurs, ses saveurs. Ce qui a été mis dans le pot-pourri se dégrade lentement, et les petits morceaux obtenus, mélangés et dispersés, deviennent l'aire de jeu de votre créativité s'ils sont mis les uns à côté des autres.

SIGNIFICATIONS SUPPLÉMENTAIRES

- Vous êtes invitée à prendre soin de ce que vous avez déjà vécu.
- Vous avez tendance à vouloir tout garder : cette carte vous invite à faire le tri.
- Il est temps d'accepter de laisser mourir ce qui doit mourir.

Mise en application

Choisissez l'un des deux exercices proposés ci-après selon la saison à laquelle vous tirez la carte.

1

Si c'est l'automne, allez dans la nature, en forêt : trouvez un coin plein de feuilles mortes, retirez vos chaussures et marchez dans les feuilles ! Prenez le temps de bien dérouler vos pieds et ressentez les effets du contact de vos pieds avec la terre et la couche de feuilles séchées qui craquent sous vos pieds.

Vous pouvez même vous allonger et rouler dans les feuilles (en prenant soin de fermer les yeux et la bouche). Enfouissez-vous dans cet amas en décomposition pour sentir de près la transformation des éléments et peut-être votre propre métamorphose. Que retenez-vous de cette expérience ?

2

Si ce n'est pas l'automne, vous pouvez noter sur des morceaux de papier colorés tout ce qui ne correspond plus à la personne que vous êtes aujourd'hui, tout ce dont vous vous êtes débarrassée. Étalez, sur un sol de préférence lisse, les confettis ainsi créés. Choisissez une musique qui vous inspire et amusez-vous à danser librement sur votre tapis de confettis. Roulez-vous dessus, laissez-les s'éparpiller partout autour de vous. Une fois votre danse terminée, observez ce qui s'est produit : découvrez l'œuvre plastique que vous aurez réalisée sur le sol. Quels mots, quels espaces, quels liens entre eux vous sautent aux yeux ? Ramassez le tout et déposez-le dans un pot que vous pourrez considérer comme votre compost. Dans quelques semaines ou quelques mois, ouvrez-le et constatez le changement, la transformation. Les couleurs ont-elles changé ? Le papier a-t-il jauni, s'est-il froissé ? Réalisez un collage avec ces morceaux de papier ou brûlez-les, selon ce qui vous semble le plus juste pour vous.

AUTOMNE

2. MARCHE

Corps

« Le vrai miracle n'est pas de marcher sur les eaux ni de voler dans les airs : il est de marcher sur la terre. »

Houeï Neng

L'apprentissage de la marche est l'une des initiations capitales de notre existence. La marche est nécessaire à notre survie ; elle représente l'autonomie, l'aventure, l'avenir. Marcher, c'est dialoguer avec la Terre-Mère, s'appuyer sur elle et prendre son envol. C'est pénétrer l'espace, le traverser, vider un endroit pour remplir un autre de sa présence.

Notre marche est révélatrice de notre façon de vivre et d'aller de l'avant, de notre façon d'exister et d'oser prendre notre place. Quand nous marchons, nos pensées s'éclaircissent. Chaque pas est le résultat de notre élan naturel à avancer. Une grande force créatrice découle de cette pratique simple.

MESSAGE

Votre pas est incertain : vous n'êtes plus tranquille face au chemin que vous avez emprunté, il se peut qu'avancer vous effraie. En ce moment, vous avez tendance à vous complaire dans l'immobilité.

Choisissez d'embrasser l'inconnu. Vous êtes soutenue par votre mère, la Terre, et vous ne cesserez jamais d'être en contact avec elle. Ayez confiance, elle est là, sous chacun de vos pas.

Avancez comme la reine que vous êtes, la démarche fière et assurée. C'est en marchant que vous saurez si votre choix est le bon. En attendant, admirez le paysage.

SIGNIFICATIONS SUPPLÉMENTAIRES

- Vous êtes trop en lien avec votre passé, comme freinée par des croyances limitantes, des peurs qui ne vous appartiennent peut-être pas.
- Vous n'êtes pas suffisamment dans le moment présent.
- Vous êtes invitée à revenir « ici et maintenant ».

MISE EN APPLICATION

Choisissez l'un des deux exercices proposés ci-après selon la saison à laquelle vous tirez la carte.

1

Si les températures le permettent (même s'il fait frais), sortez marcher pieds nus en essayant de laisser vos soucis à la maison. Sentez toutes les aspérités du sol (cailloux, bosses, brindilles...) et voyez comme vous continuez à aller de l'avant en vous adaptant au terrain et à ce qui se trouve sous vos pieds...

À votre retour, vous remarquerez que vos ruminations mentales ont ralenti, vous verrez que des solutions à vos problèmes et des idées nouvelles ont fait surface.

2

S'il fait trop froid, allez en forêt, choisissez un arbre, et prenez le temps de rentrer en connexion avec lui, en le touchant, le humant, le regardant. Prenez conscience de la correspondance entre vos pieds et les racines des arbres, entre vos cheveux et ses branches.

Réalisez la similarité entre votre colonne vertébrale et la verticalité de l'arbre. Sentez-vous grandie, étirée, presque happée par le tronc. Instaurez un dialogue avec le vivant en laissant libre cours à vos émotions et en augmentant votre réceptivité pour libérer votre énergie et vous éclaircir l'esprit. Ressentez un profond sentiment de réconciliation entre vous et la forêt. Que retenez-vous de cette expérience ?

3. LIGNÉE

Connaissance de soi

« Comprendre ce qu'ont vécu les femmes de notre famille a des conséquences dans de nombreux domaines de notre vie, dont ceux en lien avec notre féminité. »

Camille Sfez

Nous sommes toutes issues de femmes issues elles-mêmes d'autres femmes. Si le temps d'une vie permet en moyenne à trois générations d'être contemporaines les unes des autres, nous sommes également liées d'une façon plus intime : chaque femme qui porte une fille en son sein crée également l'ovule qui deviendra peut-être sa petite-fille...

Telles des poupées russes, nous portons les traits de nos aïeules, leurs attributs physiques, mais également leurs forces et leurs faiblesses, leurs tragédies et leurs moments de gloire. À nous de les identifier et de les accepter.

MESSAGE

Il est temps de tirer sur le fil rouge qui part de votre nombril et vous relie à celui de votre mère, de votre grand-mère et des femmes qui vous ont précédée et contenue. Un élément de votre héritage, de votre matrimoine, mérite d'être porté à votre connaissance.

Il prendra pour vous la forme d'une guérison intime, vous amenant à (vous) pardonner et à devenir la femme puissante, rayonnante et libre qui sommeille en vous.

Quels héritages avez-vous reçus de votre lignée maternelle ? Des gains et des pertes dont vous avez hérité, qu'est-ce qui vous a le plus marquée dans votre histoire, dans l'histoire de votre lignée ? Quels héritages vous servent, lesquels vous desservent ?

SIGNIFICATIONS SUPPLÉMENTAIRES

- Vous êtes invitée à accepter l'ombre de votre lignée.
- Il se peut que des secrets de famille, des non-dits existent depuis des générations et que vous portiez malgré vous ces fardeaux.

Mise en application

Choisissez l'un des deux exercices proposés ci-après selon votre envie du moment.

1

Introspection : reconnaissez que tout ce que vous vivez ne vous appartient pas. Transformez cette énergie trop lourde pour vous en une frise qui va de votre naissance jusqu'à aujourd'hui : notez-y les moments qui ont constitué un tournant majeur dans votre existence. Tentez de trouver les points communs entre ces différents épisodes de vie pour prendre conscience des répétitions, des tendances, des changements à opérer.

2

Corps : debout, fermez les yeux et imaginez que vous êtes au bord d'un stade. Derrière vous se trouvent des centaines de femmes qui se tiennent aussi debout et regardent dans la même direction.

Vous ne vous retournez pas, mais vous ressentez la présence de ces centaines de femmes qui ont un air de ressemblance avec vous. Ce sont les femmes de votre lignée, vos ancêtres. Juste derrière vous se tient votre mère, puis viennent votre grand-mère, votre arrière-grand-mère, etc. Certaines d'entre elles se tiennent par la main, d'autres se sourient. Elles sont là, présentes, et représentent un soutien, un lien, une énergie. Quelles sensations le fait de les savoir derrière vous vous procure-t-il ?

AUTOMNE

4. ANCRAGE

Corps

« On ne sait jamais où trouver les hommes. Le vent les promène. Ils manquent de racines, ça les gêne beaucoup. »

Antoine de Saint-Exupéry

Nous sommes ancrées quand nous avons conscience, en permanence, de peser sur la Terre qui nous porte. Nous sommes ancrées quand nous sentons notre lien avec elle et quand nous choisissons de nourrir chaque jour ce lien.

Nos racines énergétiques serpentent profondément jusqu'au centre de la Terre. Elles sont le socle de notre existence. Comme l'arbre dans la forêt, plus nos racines sont puissantes et s'étendent, plus nous sommes en mesure de nous élever vers le ciel.

MESSAGE

Vous avez tendance à vivre en lévitation au-dessus du sol, voire au-dessus de votre corps. Poser les pieds par terre vous coûte, vivre dans la matière vous cause une grande gêne au quotidien. Vous avez la tête dans les nuages et aimeriez que le reste suive...

Ou, au contraire, vous vous sentez tellement ancrée que vous n'arrivez pas à « décoller » : tout vous semble lourd, pesant. Levez les yeux, levez le nez, regardez le ciel, ouvrez votre horizon : vers quelle direction aimeriez-vous aller ?

Il existe une vraie complémentarité entre la terre et le ciel : pour que vos rêves ne soient plus de simples fantasmes mais qu'ils prennent corps, acceptez de plonger vos pieds dans la terre fraîche et meuble. Enracinez-vous, enfin ! Il se peut que vous ayez tendance, depuis des années, à flotter au-dessus du sol en rêvant votre vie. Vous êtes maintenant invitée à plonger dans la matière, à vous incarner et à vivre votre vie.

SIGNIFICATIONS SUPPLÉMENTAIRES

- Vous êtes invitée à reconnaître les forces que votre famille vous a léguées.
- Travaillez sur l'équilibre donner/recevoir.
- Peut-être traînez-vous les pieds au lieu d'agir car une force invisible vous retient et vous tire vers le passé. Il est temps d'emprunter le chemin de votre avenir.

Mise en application

Choisissez l'un des trois exercices proposés ci-après selon votre envie du moment.

1

Allongez-vous sur le sol, ventre à terre, et imaginez des racines qui partent de votre nombril et rejoignent le centre de la Terre pour vous nourrir, tel un immense cordon ombilical.

2

Massez-vous les pieds et portez-leur toute votre attention : concentrez-vous sur les mouvements subtils de l'énergie, sentez les picotements qui indiquent que l'énergie passe.

3

Marchez en conscience : déroulez vos pieds, poussez sur vos métatarses, utilisez toutes vos articulations pour vous sentir connectée à la Terre.

AUTOMNE

5. MÈRE

Spiritualité

« Si tu ne sais pas où tu vas, regarde d'où tu viens. »

Proverbe africain

Les femmes qui nous ont portées sont essentielles dans notre existence. Nous pouvons les aimer, les désaimer, les connaître intimement ou ne jamais les avoir rencontrées... Le lien qui nous unit à elles est unique, primaire. On le porte dans chacune de nos cellules.

La relation à notre mère est si riche, si forte, qu'elle est un sujet d'exploration sans fin qui nous apporte mille guérisons. Mais n'oublions pas qu'au-delà de la femme dont on a empli le ventre, nous avons une autre mère qui nous porte : la Terre.

Certaines civilisations croient que l'âme du futur bébé choisit ses parents. Avant de venir sur Terre, nous ferions partie d'un grand tout baigné d'un amour inconditionnel, et nous retrouverions cet état de fusion dans le ventre de notre mère. Ainsi, notre mère serait une médiatrice reliant le monde des énergies, d'où nous venons, au monde terrestre, où nous nous incarnons.

MESSAGE

Si vous avez des enfants, il se peut que parfois vous doutiez de vos capacités à être une « bonne » mère et que vous culpabilisiez à l'idée de ne pas les élever correctement, de les décevoir ou de les faire souffrir.

Si vous n'avez pas d'enfants, vous redoutez le genre de mère que vous seriez. Votre propre mère est une énigme pour vous, vous ne la comprenez pas...

Comment accueillez-vous votre mère ? Quel regard portez-vous sur votre relation mère/fille ? Essayez de poser un œil bienveillant sur cette relation. Votre image de la mère est dégradée : vous devez vous la réapproprier pour devenir la mère que vous souhaitez être.

Prenez conscience que vous faites toujours ce qui vous semble le mieux avec ce dont vous disposez à un instant t. Prenez conscience du fait que votre mère s'est conduite de la même manière, avec ses moyens, dans la situation qui était la sienne.

SIGNIFICATIONS SUPPLÉMENTAIRES

- Soyez à l'écoute de l'enfant blessé qui sommeille en vous.
- Il est temps de devenir votre propre mère, c'est-à-dire d'être pleine d'amour pour qui vous êtes.
- Demandez-vous pourquoi vous avez choisi la mère que vous avez.

Mise en application

Choisissez l'un des deux exercices proposés ci-après selon votre situation et votre envie.

1

Écrivez une lettre à votre mère en lui parlant de votre corps, des parties de lui que vous aimez et n'aimez pas. Vous pouvez y noter vos points communs, énoncer ce qui vous touche chez elle et la remercier de vous avoir donné la vie. Vous pouvez observer ce qu'elle vous a légué : ses taches de rousseur, la couleur de ses yeux, sa posture...

Terminez en dessinant votre corps (ou toute autre chose qui vous lie à elle) pour rendre hommage à vos points communs et guérir votre relation.

Il n'est pas nécessaire d'envoyer cette lettre à votre mère, ni utile qu'elle la lise. Agissez comme vous le sentez. Cette lettre peut également être écrite si votre mère est décédée afin de réparer votre relation.

2

Écrivez une lettre à vos ascendants pour vous libérer de tout ce qui vous pèse et vous freine : des croyances limitantes telles que « Les femmes gagnent moins que les hommes » ou « Il ne faut pas se faire remarquer », ou des injonctions que vous auriez reçues, du type « Il faut savoir être disponible pour garder son mari »...

Ensuite, brûlez la lettre. Récoltez-en les cendres et déversez-les dans un cours d'eau naturel, à l'aube, pour symboliser le renouveau. Si vous le souhaitez, terminez ce rituel par une danse sur une musique africaine, aux rythmes binaires, pour vous relier à l'énergie de la Terre.

AUTOMNE

6. TERRE

Spiritualité

« La terre est une mère qui ne meurt jamais. »

Proverbe maori

La terre est le socle de toute existence. Notre cycle de vie y puise ses racines et y dépose ses cendres, indéfiniment. Avec la terre, nous sommes stables et solides. Nous ne pouvons pas choisir de vivre indépendamment d'elle : c'est par elle que nous sommes matière, et c'est d'elle que naît toute chose.

Prendre soin de la terre, c'est prendre soin de soi et de tout ce qui a existé, existe et existera. Y être indifférente ou la maltraiter, c'est s'assurer le dépérissement de notre vie présente ou à venir, et manquer de respect à tout ce qui est.

Si un arbre n'a pas de racines solides, il finit par tomber. De même, si nous vivons des dissensions familiales, notre chakra racine s'en trouve affecté. Or c'est le chakra racine qui nous lie et nous permet d'éprouver un sentiment d'appartenance à la Terre.

MESSAGE

« Respecte-toi » : voilà le message de la Terre pour nous. Si vous vous négligez, si vous taisez la part sacrée qui résonne en vous, si vous agissez en contradiction avec vos valeurs, vous vous manquez de respect. Quel gâchis !

La Terre vous enjoint de vous aimer inconditionnellement, et c'est la plus belle façon que vous ayez de la remercier pour ce qu'elle fait pour vous au quotidien depuis que vous êtes née. Comprenez que vous êtes une part d'elle-même et qu'elle vous abrite. Vous pouvez vous reposer sur elle, vous lover dans ses sillons protecteurs. Et ainsi expérimenter votre existence sacrée.

SIGNIFICATIONS SUPPLÉMENTAIRES

- Votre travail (ce pour quoi vous gagnez de l'argent) n'est pas aligné avec vos valeurs : peut-être serait-il souhaitable d'en changer ou de faire évoluer votre manière de travailler ?
- Il est temps de penser en premier à vous.
- Si vous avez tendance à négliger les engagements que vous avez pris, faites un effort pour tenir parole et ainsi vous respecter vous-même.

Mise en application

Choisissez l'un des deux exercices proposés ci-après ou réalisez-les l'un après l'autre si vous en avez le temps et l'envie.

1

Allongez-vous sur le sol, ventre à terre, puis restez immobile. Prenez le temps d'atterrir, de ressentir et de respirer. Connectez-vous à votre nombril – il fut votre première bouche – et aspirez à travers lui l'énergie de la Terre qui vous permet de vous ancrer. Diffusez cette énergie jusqu'à vos extrémités. Ressentez le lien avec votre mère. Votre attachement à elle a commencé dès la nidification dans son utérus : c'est le *bonding*. Depuis, un lien particulier vous unit.

En vous reliant au sol, vous réalisez un geste « santé » de vitalité, de ressourcement et de centrage bénéfique, car la terre représente la Terre en nous : c'est le corps, les os, l'aplomb...

2

Retournez-vous, mettez-vous sur le dos et adoptez l'une des postures fondamentales du yoga, la posture du cadavre (Savasana) : allongez-vous complètement sur le sol, bras et jambes légèrement écartés, sans bouger. Laissez-vous porter et sentez chacune des parties de votre corps au contact de la terre. Puis prenez conscience de votre lien avec la Terre en vous laissant bercer dans ses bras : vous pouvez percevoir un balancement dans l'apparente immobilité.

AUTOMNE

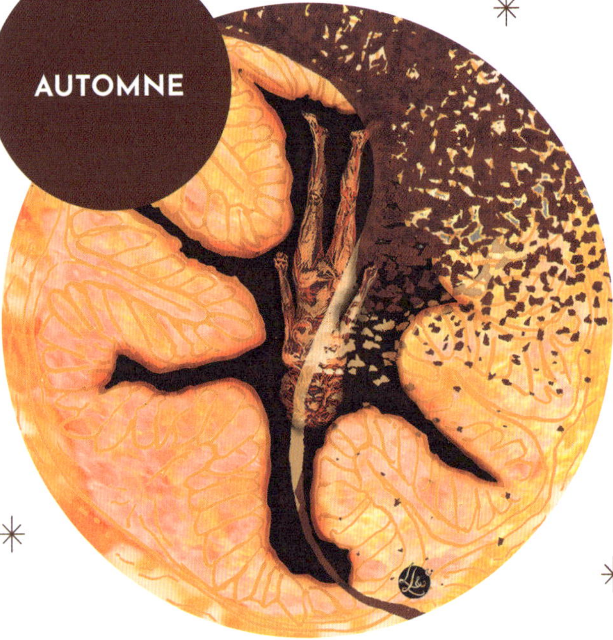

7. TRANSFORMATION

Connaissance de soi

« Inanna, la déesse sumérienne, sous sa forme liquide, se change en un éclat d'or blanc lorsqu'elle s'étend dans la trace fraîche d'un sillon de terre noire... »

Clarissa Pinkola Estés

Le processus à l'œuvre dans la métamorphose fait appel à la déstructuration de soi. Pour nous transformer – devenir autre, changer de forme –, nous devons d'abord apprendre à nous « déformer », à nous décomposer.

Le processus exige que nous acceptions d'être dans une phase de digestion de soi, durant laquelle les différentes parts de notre identité se détachent et se mélangent les unes aux autres. Certaines seront transformées, d'autres éjectées.

Avec cette déstructuration, nous pouvons apercevoir celle que nous sommes vraiment. Nous avons besoin, pour y arriver, de connaître véritablement toutes les parts qui nous composent : Pourquoi font-elles partie de nous ? Quelle nouvelle place leur octroyer ?

MESSAGE

Il est temps de vous métamorphoser. Tout au long de votre existence, vous avez accumulé les trésors dont vous êtes aujourd'hui emplie, mais leur disposition à l'intérieur de vous-même ne fonctionne plus. Vous ne vous reconnaissez plus.

Votre enveloppe est devenue trop étroite, elle ne vous permet plus d'avancer, vous êtes comme immobilisée. Mais l'idée de la faire évoluer vous semble insurmontable. Et pourtant, c'est nécessaire et tout à fait possible. Ne craignez rien : vous ne vous en êtes pas rendu compte, mais vous transmuez déjà.

Votre for intérieur est au travail. La désintégration a débuté en souterrain depuis longtemps. Bravo, vous évoluez !

SIGNIFICATIONS SUPPLÉMENTAIRES

- Vous vous sentez enfermée dans votre vie quotidienne.
- Vous vivez une révolution interne qui remet tout en question.
- Vous êtes invitée à faire le tri : Que souhaitez-vous garder ? Que souhaitez-vous ajuster à votre nouveau vous ? Qu'est-ce qui ne vous sert plus et de quoi voudriez-vous vous séparer ?

Mise en application

Sur des Post-it, notez tout ce qui semble faire partie de votre identité. Pêle-mêle, laissez les idées et les mots fuser comme ils viennent. Pour une idée, un post-it. Tout ce qui a contribué à forger ce que vous êtes – souvenirs, projets, travail, passions, vie quotidienne... – va se retrouver là, sur le sol, matérialisé par un monticule de carrés colorés.

Ensuite, classez les Post-it par thème. Il ne s'agit pas là de thèmes ayant une logique préétablie. Il s'agit de les regrouper selon le lien qui les unit, même si vous n'êtes pas capable d'expliquer clairement pourquoi ces mots ou ces idées vont ensemble (cela viendra plus tard...). À la fin, admirez la figure réalisée : c'est le tableau qui représente celle que vous êtes devenue.

HIVER

8. SILENCE

Spiritualité

« Le silence, c'est la condition sine qua non pour un cheminement spirituel, s'aimer, se connaître et pouvoir avancer. »

Jonathan Lehmann

Le silence nous plonge dans nos pensées, souvent inapprivoisées et parfois angoissantes. Nous pouvons craindre ce qui va remonter à la surface si nous taisons le son qui nous distrait. Écouter l'intérieur de soi, cela s'apprend et cela peut guérir.

Prendre du recul par rapport au monde vibrant qui nous entoure ou adopter une certaine lenteur permet d'engager une réflexion qui nous permettra, tôt ou tard, de prendre les meilleures décisions pour nous.

L'acte de se recueillir sur soi-même donne soudain de l'espace à la conscience. En déposant chaque pensée autour de notre flamme intérieure – comme pour créer le mandala du « Qui je suis vraiment » ou « Ce qui me traverse » –, nous avançons vers la paix intérieure.

MESSAGE

Sous votre apparente richesse d'actions et de pensées se cache le début d'un éreintement. Vous aimeriez rester dans votre printemps, actif et bruissant, mais votre cyclicité a continué sa ronde, et l'hiver est désormais là.

Acceptez qu'il soit temps de calmer le jeu, ne résistez pas. N'ayez crainte, vous ne régresserez pas. Votre âme a soif de retraite et de méditation, d'un écrin doux et chaud dans lequel se retirer quelque temps. C'est un processus sain.

Bientôt, dans l'espace ouvert par ce silence, votre intuition entendra les mots chuchotés par votre âme. Et alors, tout naturellement, une force d'action, légère, se réinvitera dans votre quotidien.

SIGNIFICATIONS SUPPLÉMENTAIRES

- Votre environnement actuel ne vous convient pas ou plus.
- Vous passez beaucoup de temps à écouter vos proches, mais vous ne vous exprimez pas assez.
- Votre silence parle : qu'est-ce que vous ne souhaitez pas (vous) dire ?

Mise en application

Choisissez l'un des deux exercices proposés ci-après selon votre situation et votre envie.

1

Prenez cinq minutes pour vous allonger par terre sur le dos, sans bouger. Il s'agit d'observer et d'expérimenter l'immobilité du corps. Autorisez-vous à ressentir ce qui est habituellement caché par les mouvements parasites de votre corps. Ne jugez pas, observez simplement. Puis concentrez-vous sur le moment furtif de repos absolu qui existe entre l'inspiration et l'expiration. À cet instant précis, le corps est dans le silence le plus absolu.

2

Allez glaner dans la nature les éléments qui vous permettront de dessiner votre mandala intérieur. Ramassez des feuilles mortes, des pierres, des branchages, des brindilles, des pommes de pin, des marrons... et disposez-les en partant du centre du mandala et en méditant sur ce que vous avez vécu ces derniers temps. Dans ce processus, un silence bienfaisant s'invite. Il est l'apaisement, le soulagement, le remède.

HIVER

9. DÉPOUILLEMENT

Spiritualité

« Inanna rend les caractéristiques qu'elle a empruntées, à travers les sept sphères, afin d'arriver nue au jugement. »

Joseph Campbell

Si l'expérience du dépouillement peut sembler difficile, elle n'en est pas moins vivifiante. Nous faisons de la place dans notre esprit et notre corps, et c'est dans cet espace que nous pouvons naître à nouveau.

Se dépouiller, c'est se rendre vulnérable. C'est s'offrir la chance de tout donner et d'apprendre à vraiment recevoir. C'est aussi se délester des apparences qui nous alourdissent et nous limitent, mais dont nous nous soucions par peur de ne pas être appréciées ou aimées. C'est abandonner les atours et les faux-semblants pour être nous-mêmes.

Pour sortir du labyrinthe dans lequel nous ont enfermées nos apparences et nos faux-semblants, nous devons nous en défaire, laisser tomber certaines façons d'agir et de penser, nous détacher de relations nocives, écarter ce qui provoque des tensions physiques...

Faire l'expérience du dépouillement, c'est entrer dans l'absolue confiance et dans la foi, c'est entrer en nous et accueillir la force de vie que nous abritons.

MESSAGE

Vous avez réalisé que certains éléments qui vous ont aidée jusqu'à maintenant vous freinent aujourd'hui dans votre évolution. Il s'agit probablement de croyances limitantes, de mémoires transgénérationnelles, d'expériences passées qui gardent un impact fort sur votre présent.

Grandie par cette prise de conscience, vous souhaitez vous en libérer, mais vous avez peur. Qui pourriez-vous devenir, une fois libérée de tous ces carcans ? À quoi ressembleriez-vous sans ces parures sur votre peau ?

Il vous est demandé d'entrer dans un labyrinthe, d'avancer en confiance – vous n'êtes pas seule ! – et de passer chaque porte en laissant derrière vous l'un de ces bijoux qui vous ont façonnée, mais dont vous n'avez plus besoin. Telle Inanna, déesse sumérienne qui descend aux enfers en abandonnant ses parures devant chacune des portes qu'elle franchit, vous ressortez de ce labyrinthe dépouillée et vous-même.

SIGNIFICATIONS SUPPLÉMENTAIRES

- Vous vous cachez derrière une lourde carapace, allégez-vous !
- Votre vulnérabilité est votre force.
- Vous vous sentez seule, pauvre et dépouillée : courage, vous allez bientôt sortir du labyrinthe.
- Votre métamorphose est accomplie, vous êtes nouvelle et légère.

Mise en application

Je vous propose ici de vous poser la question suivante : « De quoi aurais-je besoin de me délester ? », et de réfléchir à la manière dont vous pourriez mettre en pratique le concept du dépouillement.

Le but de cet exercice n'est pas de vous dépouiller au point de vous sentir démunie, mais de vous alléger, d'y voir plus clair.

- Faites le tri dans votre bureau, votre chambre, vos placards.
- Faites le tri dans vos relations personnelles et professionnelles : certaines personnes vous soutiennent, d'autres vous challengent et peuvent être intéressantes pour évoluer. En revanche, séparez-vous des personnes qui vous tirent vers le bas, sont toxiques, pompent votre énergie et votre oxygène.
- Faites le tri dans vos activités : quelles sont celles qui vous rendent vivante, et quelles sont celles qui vous fatiguent ou que vous faites pour « faire bien », même si elles ne vous épanouissent pas ou plus ?
- Faites le tri dans vos livres : quels sont ceux qui vous inspirent, vous aident, vous allègent, et quels sont ceux qui vous plombent, vous rappellent de mauvais souvenirs, ne vous correspondent pas ou plus ?
- Faites le tri dans vos façons d'être au monde : jouez-vous un personnage pour être reconnue ou aimée, ou êtes-vous vraiment vous-même ? Avez-vous la sensation de bien vous connaître, d'être alignée pour ce qui est du triptyque corps/cœur/esprit, de faire vos choix en conséquence, d'être claire, limpide et simple, d'aller à l'essentiel ?

HIVER

10. ÉQUILIBRE

Créativité

« Le rassurant de l'équilibre, c'est que rien ne bouge. Le vrai de l'équilibre, c'est qu'il suffit d'un souffle pour tout faire bouger. »

Julien Gracq

Nous avons tendance à considérer que le bonheur n'est constitué que de ce qui est perçu comme agréable par le cœur, le corps et l'esprit. Nous ne souhaitons pas connaître la tristesse, la colère, le deuil, la blessure... nous les évitons. En cela, nous ne menons pas une vie équilibrée.

Exerçons-nous à appliquer le principe de non-dualité dans les choses de l'existence. Pourquoi penser qu'être triste, c'est mauvais ? C'est une expérience à vivre. Une expérience sans laquelle tout sentiment de bonheur serait impossible à éprouver.

Notre créativité se nourrit de toutes les expériences que nous vivons. Si nous ne connaissions pas d'émotions ni d'événements, notamment ceux perçus comme négatifs, nous ne pourrions pas créer – ou si peu. Notre richesse intérieure est le fruit de cet équilibre.

MESSAGE

De la lumière naît l'ombre : c'est un principe immuable, inévitable, transposable à tout ce qui existe. C'est précisément parce que l'ombre est l'opposé de la lumière que nous la redoutons. Ainsi, nous craignons nos parts d'ombre et celles des personnes qui nous sont chères.

Il vous est demandé ici de changer votre regard sur les ombres. Osez les voir, admettez leur existence en vous et dans votre environnement. Comprenez qu'elles ne peuvent disparaître que si la lumière cesse d'émettre elle aussi. Est-ce ce que vous souhaitez ?

Vos parts d'ombres sont essentielles à votre créativité. Pourquoi ne pas utiliser leurs énergies pour les transmuter dans votre créativité ? De cette façon, la lumière naîtra de vos ombres, et l'équilibre sera restauré.

La loi de l'équilibre nous apprend à rester centrées sur notre axe, quoi qu'il se passe autour de nous : il s'agit de rester présentes à ce qui est juste pour nous-mêmes.

SIGNIFICATIONS SUPPLÉMENTAIRES

- La relation de votre couple intérieur – masculin sacré et féminin sacré – mérite d'être apaisée.
- Vous négligez certaines sphères de votre vie intérieure, avec un impact néfaste sur l'intégralité de votre écosystème.
- Acceptez et chérissez votre énergie Yin (énergie de réception, opposée à l'énergie d'action Yang), en pratiquant par exemple le yin yoga.

Mise en application

En plein centre-ville ou au milieu d'une foule, asseyez-vous sur un banc et fermez les yeux. Malgré le bruit ambiant, respirez calmement jusqu'à laisser se produire un mouvement de l'intérieur. Il ne s'agit pas de bouger de façon visible, mais, à l'occasion d'une expiration, de laisser un élan, un désir naître en vous puis de le laisser gagner votre tête, votre main, votre pied... sans réfléchir, dans une petite danse à peine visible de l'extérieur.

On appelle cela une « réorganisation somatique » : le corps se remet en place, se rééquilibre, parce que vous êtes à son écoute et que vous le laissez faire. Bon voyage !

HIVER

11. FEU INTÉRIEUR

Corps

« Quand l'esprit du feu est rencontré d'une certaine manière, dans son aspect positif, il stimule la créativité, la motivation d'être, de faire et d'agir. »

Pa Hana

Cet élan que nous abritons dans notre corps, nous le ressentons particulièrement lorsque nous sommes sur le point de réaliser l'une de nos envies les plus profondes. L'essence du feu sacré est là pour nous permettre de faire passer nos rêves du monde des fantasmes à celui de la réalité.

Dans notre corps, le feu sacré se ressent comme une boule d'énergie, un point chaud en mouvement, dans notre cœur et notre bas-ventre. Ce feu intérieur est le centre de toutes nos intentions. Il nous permet d'accéder au courage et à la persévérance qu'il faut pour réaliser nos projets d'âme.

MESSAGE

Vous sentez votre sang battre dans vos veines. Il vient insuffler la vie dans chaque cellule de votre corps et réchauffer certaines zones transies par le gel. Si vous pensiez avoir perdu le contact avec vos parts sauvages, instinctuelles, créatrices..., détrompez-vous !

Le liquide rouge, en perpétuel mouvement, ravive votre flamme. Vous vous sentez dense et légère tout à la fois, quelque chose monte en vous... Pour l'instant, le mystère l'enveloppe encore, et les mots ne peuvent le décrire. Mais vous le sentez, ce sera fort. Tenez-vous prête et chérissez cette danse.

SIGNIFICATIONS SUPPLÉMENTAIRES

- Quelque chose dans votre vie s'enlise et demande à entrer à nouveau en mouvement.
- Vous êtes trop dans les nuages, vous rêvez votre vie sans la vivre.
- Si vous avez une énergie puissante, si vous vous sentez vivante et créative, célébrez ces moments et remerciez votre feu intérieur.

Mise en application

Choisissez l'un des deux exercices proposés ci-après selon votre situation et votre envie.

1

Pour ressentir votre feu intérieur, je vous propose de faire l'exercice du *shaking*: il s'agit de secouer vos membres, les uns après les autres, sur une musique soutenue, durant au moins un quart d'heure, ou plus si vous le pouvez. Il n'y a pas grand-chose à faire, juste bouger, secouer, sautiller, vous laisser aller...

2

Pour soutenir le feu intérieur dont nous avons besoin pour mener à bien nos projets d'âme, je vous propose de pratiquer le *vajrapradama mudra*, le geste de la confiance inébranlable. Ce mudra, qui consiste à entrelacer les doigts de nos mains au niveau de notre poitrine, nous permet de relever de nouveaux défis.

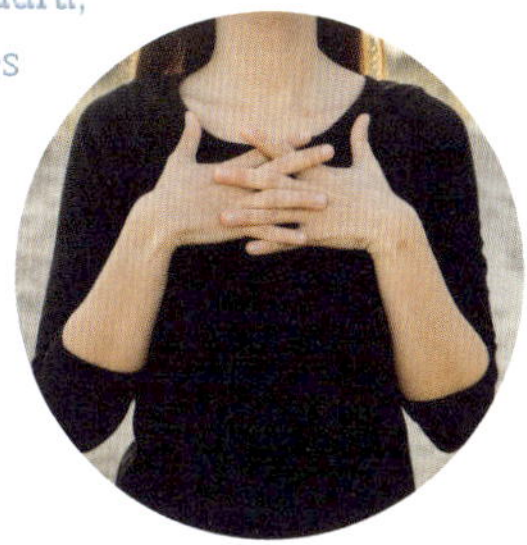

HIVER

12. AMOUR DE SOI

Corps

« S'aimer soi-même, c'est s'attacher à découvrir l'essence qui est déposée en soi. »

Paule Salomon

À un stade de notre vie, il s'agit de faire un choix profond et déterminant : celui de s'aimer soi-même. On pourrait penser que c'est évident et facile à mettre en place, car nous vivons dans cette croyance que l'amour doit être sans difficulté, sans vagues. Il n'en est rien : l'amour de soi est un challenge au quotidien.

Faire le choix de s'aimer soi-même, c'est aussi renoncer, car la vie que nous nous sommes construite jusque-là s'en verra bouleversée. Nous allons désormais prendre soin de ce que nous sommes, faire passer nos aspirations en premier, privilégier notre propre créativité.

Dans cette ouverture du cœur, il se peut que nous soyons quelque peu déroutées, mais le plus important, c'est que nous nous chérissions dans notre totalité, en accueillant également le cygne noir présent en nous.

MESSAGE

N'attendez plus des autres qu'ils vous apportent ce que vous ne pouvez pas vous offrir vous-même. Ne cherchez pas l'amour à l'extérieur, débusquez-le à l'intérieur. Faites face à votre cygne noir, regardez-le et tendez-lui la main.

Derrière ce geste se cache un immense amour, inconditionnel, profond et immuable. Lorsque vous parviendrez à aimer et à chérir votre cygne noir comme vous aimez et chérissez votre cygne blanc, vous aurez atteint le véritable amour de soi.

Osez vous aimer profondément. Ayez le courage d'être bouleversée par la puissance des sentiments que vous vous portez. Derrière la colère, la honte, la déception, la fragilité… se tient toujours ce sentiment qui est à l'origine de tout : l'amour.

SIGNIFICATIONS SUPPLÉMENTAIRES

- Vos relations sont marquées par votre dépendance affective : un travail est nécessaire pour en sortir.
- Choisissez d'aimer votre corps et de le regarder d'un œil amoureux.
- Bravo : vous êtes dans l'amour de soi, et votre élan créateur rayonne à nouveau.
- Gardez-vous des moments pour chérir votre corps et détendre les parties de celui-ci qui sont comme fermées, serrées, crispées, contractées.

Mise en application

Pour développer l'amour de soi, commencez par définir vos limites corporelles en apposant vos mains sur votre peau. Celle-ci représente la frontière entre l'intérieur et l'extérieur. Avec douceur et présence, prenez le temps de passer sur chacune des parties de votre corps – bassin, buste, tête… – afin de créer comme une enveloppe avec vos mains, une deuxième peau.

En même temps, chuchotez-vous des mots doux dans le but d'honorer votre corps, de le chérir, de le remercier pour tout ce qu'il vous apporte et vous permet. Prenez le temps de faire le tour du propriétaire, avec bienveillance, pour vous contenir, vous rassembler, vous unifier. Vous pouvez par exemple vous répéter : « Ça, c'est moi. Je m'aime et je prends soin de moi, car je suis précieuse. »

Si le cœur vous en dit, vous pouvez poursuivre en dansant sur une musique de votre choix, en initiant le mouvement à partir des sensations de la peau, de vos frontières.

HIVER

13. VISION DE SOI

Connaissance de soi

« Positive, la vision de soi est une force intérieure qui nous permet d'attendre notre heure malgré l'adversité. »

Christophe André & François Lelord

« Quelle personne serai-je dans un an, cinq ans, dix ans ? » Et si, plutôt que de nous laisser complètement surprendre (nous serons forcément surprises, quoi qu'il en soit !), nous rêvions activement à la personne que nous souhaiterions être ? Prenons le temps d'affirmer maintenant ce que nous souhaitons pour notre avenir personnel. Créons un tableau de vision représentant celle que nous serons idéalement plus tard.

La force de cette intention, de cette attention portée à notre être en devenir, nous nourrit de l'intérieur. Témoignons de l'amour et de la reconnaissance pour notre future personne, rappelons-nous ce que nous avons été et qui nous sommes pour inspirer qui nous serons.

Tels les oiseaux dans le ciel, suivons notre boussole intérieure et admirons le paysage au loin. Surtout, n'oublions pas de rêver grand. De rêver même plus grand que soi, plus grand que ce que nous imaginons.

MESSAGE

Il est l'heure d'investir le temps qui se déploie devant vous. Peut-être ne savez-vous pas encore qui vous êtes – cela viendra –, mais vous avez une idée précise de ce que vous souhaitez devenir.

Imaginez-le-vous, le plus précisément possible. Pour cela, appuyez-vous sur tout ce qui fait battre votre cœur et vous connecte à plus grand que vous. Demandez-vous quels sont les moments, dans votre existence, durant lesquels vous sentez que vous êtes à votre place et que vous faites ce que vous devez faire. Qu'est-ce qui vous procure une intense satisfaction et vous donne assez d'entrain pour aller plus loin encore chaque fois ?

Le temps sera bientôt venu de passer à l'action. Avant cela, mûrissez votre vision de celle que vous serez bientôt. Offrez-lui toute votre gratitude et bercez-la avec amour en votre sein.

SIGNIFICATIONS SUPPLÉMENTAIRES

- Votre mission de vie vous appelle, ouvrez-lui vos bras !
- Vous vous êtes perdue en chemin, cela arrive : recentrez-vous sur vous-même et sur votre rêve pour vous-même.
- Ne laissez pas vos proches déterminer votre avenir à votre place.

Mise en application

Installez-vous debout. Imaginez devant vous une ligne sur le sol, que vous allez franchir. Faites ainsi deux grands pas pour passer dans le futur : Que voyez-vous ? Que ressentez-vous ? Quelles sont les personnes autour de vous ? Comment est votre environnement ? Quels sont les objectifs et les projets qui vous captivent ?

Puis tournez-vous vers votre présent, de l'autre côté de la ligne imaginaire, et percevez intuitivement les conseils que le futur vous donnerait à vous, la personne du présent. Mettez ensuite par écrit ce qui vous est venu. Puis honorez ces découvertes en chantant, en dansant, en méditant ou en marchant pour mettre ces visions en mouvement.

HIVER

14. RETOUR À SOI

Connaissance de soi

« Sur le chemin du féminin profond, il y a de grandes étapes qui nous font passer du statut d'enfant à celui de jeune femme, puis de mère et enfin de femme sage. »

Camille Sfez

L'intuition a besoin qu'on lui laisse de l'espace pour pouvoir s'exprimer. De l'espace dans le corps, dans le cœur et dans le mental. Lorsque nous sommes aspirées par diverses préoccupations formatées par nos conditionnements et dispersées dans notre environnement, notre voix intérieure devient inaudible : notre intuition est écrasée par le reste.

L'invitation au retour à soi permet de libérer de l'espace pour que résonne à nouveau notre voix intérieure. Nous retrouvons ainsi cette douce vibration, cette sensation que quelque chose vibre au-dedans de nous.

Au creux de la tanière dans laquelle nous nous sommes lovées, notre feu intérieur s'étend et grandit. Sa lumière illumine notre espace, nous offrant le chaleureux spectacle de l'énergie qui se restaure.

MESSAGE

Cette carte vous invite à la douceur : soyez douce envers vous-même, ayez de la compassion et de l'empathie à votre égard. Vous pouvez laisser vos bras se refermer autour de vous-même, comme dans une étreinte esseulée, car vous avez besoin d'être bercée. Vous pouvez également chanter les berceuses de votre enfance pour soulager votre cœur.

Entrez à l'intérieur de votre terrier et écoutez votre voix. Entendez les notes de votre âme, redécouvrez votre propre harmonie. Comme ça sonne juste et beau, et grand ! n'est-ce pas ?

C'est le temps du repos et des bilans. Il s'agit de consolider vos fondations. Cela se fait nécessairement dans le repos et le ralentissement. Votre chant sacré est là, il se libère et enchantera bientôt votre vie.

SIGNIFICATIONS SUPPLÉMENTAIRES

- Vous portez le sacré en vous : revenez-y, revenez à la source.
- Une pause est nécessaire.
- Votre corps souffre de votre déconsidération à son égard.
- Vous avez tendance à être trop dans l'action ou tournée vers l'extérieur, et pas suffisamment dans le repos et centrée sur l'intérieur.

Mise en application

Voici un exercice de flexion/extension du corps. Couchée sur le sol, rassemblez vos quatre membres autour de votre nombril (la région de votre centre) grâce à vos muscles fléchisseurs. Une fois en boule, en position fœtale, étendez-vous à l'aide de vos muscles extenseurs. Il s'agit de vous ouvrir complètement, de vous déployer vers l'extérieur pour prendre toute votre place, tout en étant connectée avec votre centre – votre unité.

Retournez ensuite à vous-même en vous rassemblant à nouveau autour de votre nombril qui est la première bouche par laquelle vous avez été nourrie.

Continuez autant de fois que nécessaire et, pour finir, placez-vous en position fœtale, sous une couverture et la tête sur un coussin, bercée par une musique douce que vous aurez choisie auparavant.

FEMME SAUVAGE

15. ANIMALITÉ

Corps

« Entre notre part animale et notre spécificité humaine, l'écopsychologie nous aide à trouver un nouvel équilibre. »

Marie Romanens

Animale, sauvage, primitive... ces mots désignent une part de soi mystérieuse, aussi enivrante qu'effrayante. Une part de soi que nous avons à cœur de débusquer, tant nous la pressentons essentielle, et ce à juste titre. Pourtant, quand nous parvenons à la démasquer, sa force impérieuse semble nous menacer, alors nous lui fermons la porte.

Nous pourrions définir l'animalité comme un phénomène naturel provoqué par une urgence primitive, urgence qui se ressent dans les tripes. L'animalité s'impose d'un coup et semble disparaître tout aussi soudainement. Son instabilité apparente est dérangeante.

Quand notre animalité prend le contrôle, nous débordons littéralement, laissant jaillir nos émotions vers l'extérieur. Nous les exprimons alors de différentes manières : nous pouvons crier, pleurer, rire à gorge déployée, danser, courir, soulever des montagnes, sauver les autres ou nous sauver nous-mêmes..., ce qui doit émerger émerge !

MESSAGE

Ressentir l'animal qui rugit en soi pour la première fois est une expérience déterminante qui ne laisse personne indifférent. De nombreuses femmes l'expérimentent lors de leur accouchement, choisissant de faire confiance à leur corps pour gérer cet événement profondément primitif et instinctif.

Votre corps sait. Il garde en lui la mémoire des gestes pour insuffler la vie, qu'il s'agisse de donner naissance à une personne, à une idée ou à un projet. Abandonnez-vous à la science du corps, lâchez prise et laissez-vous aller à l'élan naturel de vos cellules.

Cela demande de ne plus réfléchir. Fermez les yeux et ressentez votre feu sacré, les spirales qui pétillent sous vos voûtes plantaires et dans le creux de vos mains. Cette énergie vitale qui, d'un coup, occupe toute votre chair et vous transporte, c'est l'animal en vous qui se présente… et dont vous accouchez enfin.

SIGNIFICATIONS SUPPLÉMENTAIRES

- Vous êtes trop domestiquée, vous avez perdu votre nature instinctuelle.
- Vous n'êtes pas spontanée : vous calculez toujours tout et êtes dans le contrôle permanent. Lâchez prise et laissez-vous aller.
- Soyez plus à l'écoute de vos sens et de vos sensations : quelle est la part animale en vous qui ne s'exprime pas ?

Mise en application

Tôt le matin, si possible avant le lever du soleil, rendez-vous dans la nature et choisissez un endroit qui vous attire. Épousez cet endroit, prenez le temps de vous adapter à lui afin qu'il vous accueille et vous apprivoise. Respirez à pleins poumons et imaginez le passage d'animaux sauvages. Tendez l'oreille et soyez attentive.

Instinctivement, vous allez vous connecter à un animal, vous allez le ressentir à l'intérieur de votre ventre et de votre cage thoracique. Si cela vous vient naturellement, n'hésitez pas à ramper, à rouler dans l'herbe, à marcher à quatre pattes, à humer les odeurs de la nature, à goûter ses éléments… sans réfléchir !

Pour remercier cet espace et ce moment particuliers, chantez et dansez, ou créez un autel ou une œuvre éphémère avec les éléments qui vous entourent.

16. NUDITÉ

Corps

« Sans fard, la nudité nous révèle son faste intérieur. »

Kâlî Ferry

Si notre corps est souvent cause de tourmente, c'est parce que toute l'attention du monde est portée sur lui : sur cette chair que nous sexualisons, que nous brutalisons, que nous idéalisons. Sur nos corps sont jetés simultanément le désir et l'opprobre.

Nous sommes des êtres charnels. Incarnés, nous sommes désirants et désirables. Cela signifie que nous sommes doués de désir et que nous le provoquons dans les corps et les esprits des autres. Mais notre corps est tellement plus que ça…

C'est parce qu'il est marqué par la vie que nous avons vécue – et parfois portée – qu'il est beau. C'est parce qu'il ne correspond pas à celui des autres qu'il est d'une richesse exceptionnelle. Notre corps nu est la parure de notre âme, le fier étendard de notre unicité.

MESSAGE

Être nu, c'est rester à *l'état de nature*. C'est oser se regarder et s'apprécier dans son simple habit de chair, et c'est assumer sa part sauvage et souveraine. Regardez droit dans les yeux celles et ceux qui vous scrutent et vous détaillent, celles et ceux qui vous jugent.

Soyez fière, dansez en vous délestant des tissus qui d'habitude vous cachent et vous enserrent. Vos cicatrices, votre asymétrie, les taches sur votre peau… tout cela exprime ce que vous avez vécu et ce à quoi vous avez survécu, guerrière que vous êtes.

Allez à l'encontre des carcans de ce monde et dites haut et fort : « Dans ma nudité, je suis un bijou de la création, et cette conscience du sacré qui me constitue me donne tous les pouvoirs. »

SIGNIFICATIONS SUPPLÉMENTAIRES

- Vous êtes pudique et vous n'osez pas vous montrer : cela est-il source de souffrance ?
- Vous vous sentez mal à l'aise sous le regard des autres et avez tendance à ne pas vous aimer : que comptez-vous faire pour que cela change ?
- Vous aimeriez explorer chaque partie de votre corps, mais la retenue vous en empêche : foncez !

Mise en application

Choisissez l'un des deux exercices proposés ci-après selon votre situation et votre envie.

1

Il est important de créer et de délimiter votre espace intime, un espace où, dans un premier temps, personne d'autre que vous ne peut être convié : ni conjoint·e, ni enfant, ni amant·e. C'est un espace pour vous.

Dans cet espace, vous allez pouvoir apprivoiser votre chair. L'apprivoiser par les gestes et le toucher. Admirez-vous sous toutes les coutures, contemplez toutes les parties de votre corps… avec vos mains ! Caressez-vous et choyez votre peau. Posez vos mains dessus, glissez vos doigts sur tous ces endroits inconnus que vous n'effleurez jamais. Apprivoisez-vous pour vous accepter pleinement et adopter un regard neutre sur vous-même, sans jugement : « Voici ce que je suis. »

2

Votre corps est un trésor et mérite que vous en preniez soin, que vous le choyiez comme un bijou inestimable que l'on pose délicatement dans son écrin.

Placez-vous devant un miroir en pied, dans votre salle de bains ou votre chambre, et déshabillez-vous tout doucement. Une fois que vous êtes entièrement nue, prenez le temps de vous regarder dans le miroir en contemplant chaque parcelle de votre peau, en observant chaque détail qui vous attire, et en vous remerciant d'être vivante. Vous pouvez remercier votre peau, vos grains de beauté, vos cicatrices pour ce qu'elles vous ont appris, vos taches de naissance, vos vergetures qui ont peut-être donné vie à un enfant ou qui sont apparues suite à une transformation de votre corps. Prenez le temps de vous apprécier et de conscientiser le vivant en vous. Ce faisant, observez vos réactions puis écrivez ce que vous avez retenu de cette expérience probablement émouvante.

FEMME SAUVAGE

17. INTUITION

Spiritualité

« En accédant à notre voix sauvage, nous comprenons l'influence de l'intuition dans notre vie. »

Judy Reeves

Notre intuition prend ses racines à l'intérieur, dans notre psyché et les cellules de notre corps. Elle vit et bouge dans l'intime. Enfouie, cachée, souterraine, elle est l'animal qui désire, sait précisément ce qu'il veut et s'élance impétueusement pour l'obtenir.

Elle puise son savoir et sa force d'action dans ce qu'il y a de plus vivant et mouvant en nous. Chacun de nos sens est à son service, lui rapportant l'essentiel de l'environnement qui nous entoure, des relations que nous nouons et des ouvertures qui en découlent.

Si notre intuition semble tant nous échapper, c'est parce que notre objectif est de l'apprivoiser ! Or l'animal sauvage ne s'apprivoise pas. Il reste insaisissable, mystérieux et imprévisible.

MESSAGE

Nous vivons quotidiennement pressées par le temps et nous ne sommes plus connectées à notre nature profonde par manque d'attention, d'intentions claires. Or notre intuition est comme une petite voix qui chuchote : nous devons atténuer notre brouhaha intérieur pour l'entendre. Plus vous calmerez votre mental et votre agitation, plus vous pourrez percevoir de choses. Prendre ne serait-ce que dix minutes par jour pour ralentir, souffler, s'écouter et ressentir est primordial pour notre santé physique, émotionnelle et spirituelle.

Lorsque nous sommes proches de notre monde intérieur, notre intuition se manifeste et nous pouvons nous laisser inspirer par ce qu'elle nous dit. Comme pour notre corps, l'écouter s'apprend et se cultive.

Vous pourriez, par exemple, faire une retraite de quelques jours dans la nature afin d'entrer en communion avec votre intuition. La solitude et le silence sont de bons partenaires pour y parvenir. C'est dans le sable du désert et la terre de la forêt que vous dénicherez les plus beaux joyaux que porte votre âme.

SIGNIFICATIONS SUPPLÉMENTAIRES

- Vous entendez distinctement votre intuition, mais vous lui préférez la voix de la raison : attention !
- Vous craignez de suivre les conseils de votre petite voix intérieure : savez-vous pour quelles raisons ?
- Vous avez confondu ego et intuition, et cela vous a porté préjudice : recentrez-vous.

Mise en application

Pour entendre cette petite voix intérieure qui chuchote, faites silence et ralentissez. Prenez le temps de respirer pour vous mettre au rythme de votre corps, plus lent que celui du mental. Allongez-vous sur le ventre pendant dix minutes et respirez dans votre nombril en vous imprégnant du souffle de la Terre. Déposez sur la terre toutes vos préoccupations, vos soucis, vos tensions afin de vous mettre à l'écoute de ce que votre intuition vous souffle. Lorsque vous vous relevez, notez ce que vous avez ressenti, vu ou perçu.

Votre intuition peut également s'exprimer dans vos rêves : le sommeil paradoxal favorise la pensée fluide et nourrit l'intuition. Dès que vous vous réveillez, racontez votre rêve à quelqu'un ou notez quelques mots-clés dans un carnet pour vous en souvenir. Revenez-y quelques jours plus tard, avec le recul nécessaire pour comprendre ce que votre intuition a voulu vous dire.

FEMME SAUVAGE

18. PUISSANCE

Spiritualité

« Le principe de joie, c'est la puissance et tout ce qui augmente notre force vitale. »

Friedrich Nietzsche

La puissance concerne l'alliance de deux éléments : la Terre et le Feu. Pour ressentir notre puissance au creux de notre corps, nous sommes ici invitées à éprouver l'alchimie de la Terre et du Feu intérieur.

Ainsi, nous pouvons prendre appui sur la terre et sentir qu'elle nous permet de nous redresser. Il s'agit de trouver l'ancrage, l'enracinement : de devenir conscientes de ce socle solide sous nos pieds, sur lequel nous pouvons nous ériger et nous mouvoir.

Le foyer de notre feu intérieur se trouve au niveau du bas de notre ventre. Être puissante, c'est être capable de le stimuler et de ressentir son déploiement dans chaque membre de notre corps. Ses volutes s'élèvent partout autour de nous et nous permettent de retrouver notre pleine vitalité.

MESSAGE

Vous sentez à l'intérieur de vous votre puissance émerger : c'est là, tout près, ça gronde. C'est une énergie nouvelle et immense qui vous donne envie de danser et de tout emporter avec vous dans cet élan enflammé.

Vous êtes puissante, et cela vous effraie quelque peu. Vous vous demandez si ça ne vous portera pas préjudice : N'allez-vous pas prendre trop d'espace ? N'allez-vous pas vous attirer les foudres de certains, la colère et l'envie ?

C'est une expérience inédite pour vous. Ne la gâchez pas par crainte du qu'en-dira-t-on. Vous avez le droit d'être puissante et d'en imposer. Vous ne gênerez pas. Au contraire, vous deviendrez un modèle pour les personnes qui vous sont chères ainsi que pour les inconnues qui croiseront votre route. En osant, vous permettez aux autres de faire de même.

SIGNIFICATIONS SUPPLÉMENTAIRES

- Vous avez des difficultés à prendre votre place et à vous affirmer, à vous positionner : que comptez-vous faire ?
- Si vous avez le sentiment d'être impuissante, décontenancée, repensez aux moments où la puissance était de votre côté.
- Par crainte d'être dominée par les autres, vous surdéployez votre puissance : attention, vous risquez de (vous) blesser par mégarde.

Mise en application

Rien de mieux que de danser pour sentir sa puissance intérieure. Choisissez une musique rythmée qui vous plaît, une pièce dans laquelle vous pourrez traverser l'espace et vous mouvoir avec fluidité, puis entrez dans la danse. Ce n'est pas forcément facile, mais c'est accessible à toutes.

Quand vous aurez trouvé comment pousser sur vos appuis, utiliser à bon escient votre souffle, relier vos membres inférieurs et supérieurs dans des mouvements globaux – en utilisant l'énergie terrestre autant que céleste –, alors vous goûterez à cette énergie de vie, de joie, d'amour et d'union. Quand vous commencez à vous laisser aller vraiment, à faire circuler l'énergie vitale, à trouver l'harmonie entre l'intérieur et l'extérieur, alors vous vous sentez puissante, vivante, invincible... au moins pour un moment.

FEMME SAUVAGE

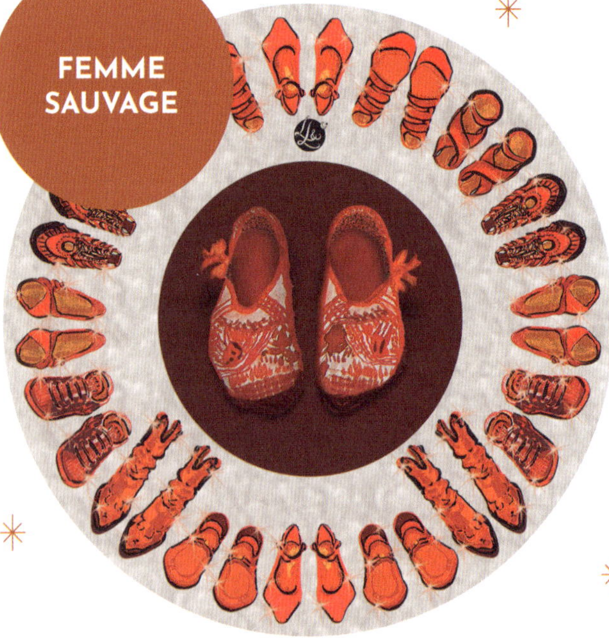

19. PRENDRE SA PLACE

Connaissance de soi

« Les souliers faits main marquent le passage d'une existence étriquée à une vie passionnée… »

Clarissa Pinkola Estés

Le conte « Les Souliers rouges » de Clarissa Pinkola Estés relate l'histoire d'une jeune fille pauvre qui s'était fabriqué une paire de souliers rouges avec des bouts de tissu qu'elle avait trouvés[1]. Elle en était très fière. Un jour passa devant elle une vieille dame dans un carrosse flamboyant qui lui proposa de la recueillir et de lui offrir une vie douce et prospère. La jeune fille n'hésita pas longtemps : elle grimpa dans le carrosse et choisit au même moment, inconsciemment, de se laisser domestiquer.

À leur arrivée dans la demeure luxueuse, la vieille femme jeta au feu la paire de souliers rouges cousus main. Avec le tissu, la jeune fille vit son essence sauvage se consumer dans les flammes : elle ne se sentit plus jamais vivante. Parce qu'elle s'était laissé séduire par la richesse extérieure, elle avait perdu son identité et sa richesse intérieure.

MESSAGE

Vous n'avez pas confiance en vous, vous avez peur de prendre votre place et vous attendez souvent une validation extérieure. Vous pensez que vous n'êtes pas « assez » intelligente, jeune, mince... ou « trop » coincée, naïve, lente. Alors, il vous arrive de suivre une personne, un partenaire, un patron qui vous impressionne (comme la vieille dame dans son carrosse doré), plutôt que d'écouter vos propres besoins, vos idées, vos envies...

1. Clarissa Pinkola Estés, « Les Souliers rouges », *Femmes qui courent avec les loups*, Grasset, 1996, pp. 201-202.

Il se peut qu'à force de suivre les avis et les besoins des autres, vous vous soyez perdue de vue. Vous avez perdu votre vitalité au profit d'une existence par trop domestiquée : pour plaire, être reconnue, vous sentir appartenir au groupe.

Prendre votre place, c'est dessiner les contours de votre espace, délimiter vos frontières, revitaliser votre esprit, oser habiter l'espace. Mais c'est aussi faire circuler les énergies stagnantes et sortir de vos habitudes, de votre zone de confort.

Cette carte vous invite à prendre conscience de votre valeur, à ne pas vous laisser marcher sur les pieds. C'est en ne vous laissant plus déloger de vous-même, en brisant ce qui vous encercle et vous contraint, en cherchant une place à votre mesure et à la taille de votre ambition et de votre mérite, que vous pourrez avoir une véritable présence à vous-même au lieu de rester en sourdine et d'être l'ombre de vous-même.

SIGNIFICATIONS SUPPLÉMENTAIRES

- Vous vous êtes laissé domestiquer et ne savez plus comment créer avec vos mains.
- Quels types de chaussures vous siéent le plus : escarpins ou pantoufles, ballerines ou babouches, bottines ou sandales ? Dans lesquelles vous sentez-vous vous-même ?

Mise en application

Dans le conte, la jeune fille était pauvre, mais inventive : elle était en train de trouver sa voie. Avez-vous déjà cessé d'être inventive pour suivre le projet de quelqu'un d'autre ? Avez-vous déjà préféré la richesse extérieure d'une personne ou d'un groupe à votre richesse intérieure ?

Prenez conscience qu'il ne vous manque rien, que vous avez du génie et qu'il ne demande qu'à s'extérioriser, à prendre sa place.

Remémorez-vous toutes les choses que vous avez dites ou faites et qui vous ont permis de prendre votre place, de suivre votre propre voie. Notez-les dans un journal de gratitude. Soyez fière de vos accomplissements, de votre inventivité, de tous ces petits pas qui contribuent à vous faire avancer vers votre véritable nature.

20. SAUVAGE

Connaissance de soi

« Être sauvage, c'est être réceptive.
Être réceptive, c'est être créative. »

Judy Reeves

Être une femme sauvage, c'est faire l'expérience de la fusion du soi dans les différents éléments (Eau, Feu, Air, Terre) qui composent l'univers. C'est s'immerger dans la nature, ne plus résister à la pénétration du monde en nous-mêmes, plonger dans l'inconnu et dans l'imprévisible de la vie.

Nous sommes des femmes sauvages quand nous ne faisons plus qu'une avec notre environnement immédiat, quand nous savons d'instinct quel mouvement exécuter, quelle direction prendre, quel rituel réaliser pour guérir et avancer.

C'est dans cet état que nous expérimentons la liberté et la spontanéité, car nous avons la capacité de sortir des sentiers battus pour créer l'existence qui nous convient vraiment.

MESSAGE

Vous entendez au loin le son des tambours qui bourdonnent dans la nuit. Ces peaux qui vibrent de concert, c'est irrésistible. Comme lors d'une initiation, les battements de votre cœur cognent de concert, et une transe vient vous surprendre.

Vous êtes invitée à tournoyer autour du feu, à rejoindre la meute qui hurle, à taper du pied sur la terre chaude. Qu'est-ce qui vous retient ? C'est un appel venu des temps anciens. Allez-y, courez rejoindre la tribu qui vous attend ! L'énergie qui circule maintenant dans tout votre corps y laissera une trace indélébile. Dorénavant, chaque fois que le tambour résonnera, votre corps répondra, libre et déchaîné !

SIGNIFICATIONS SUPPLÉMENTAIRES

- Si vous avez l'impression d'être trop civilisée et de n'être pas assez libre, honorez davantage le féminin sauvage qui vous habite.
- Reconnectez-vous à votre part animale, à votre intuition, à votre spontanéité, notamment en repensant aux moments charnières de votre existence, ceux durant lesquels vous vous êtes sentie profondément sauvage.
- Retrouvez votre élan créatif, votre expression libre, à votre rythme et à votre manière.

Mise en application

Comme le préconise Florence Servan-Schreiber dans son livre *Bloum !*[2], je vous invite à prendre un cahier ou une feuille, un crayon et un chronomètre programmé sur dix-sept minutes. Lancez-le et, sans lever le crayon jusqu'à ce que la sonnerie retentisse, répondez par écrit à la question : « Quand vous êtes-vous sentie le plus sauvage, le plus libre, le plus spontanée dans votre vie ? »

2. Florence Servan-Schreiber, *Bloum ! Écrire pour s'épanouir et kiffer*, Marabout, 2020.

Notez tout ce qui vous vient, sans réfléchir. Déroulez la pelote de vos souvenirs, et, les uns après les autres, ces moments vous apparaîtront. Notez les émotions, les images, les sensations, les couleurs, les sons, les odeurs, les personnes qui étaient présentes dans vos souvenirs.

Il peut s'agir d'instants vécus à la maternelle, à l'adolescence, à l'âge adulte…, alors que vous jouiez dans le sable sur une plage, que vous faisiez l'amour dans un endroit insolite, que vous couriez sous la pluie un soir d'orage… Soyez précise.

Pour finir, accompagnée d'une musique tribale qui vous inspire, dansez et mettez en mouvement ce que vous avez couché sur le papier.

FEMME SAUVAGE

21. IMAGE DE SOI

Créativité

« Si nous avons une image positive de nous-mêmes, nous verrons des opportunités partout et dans tout. »

Martine Inack-Thieulin

L'image que nous renvoie notre corps et l'interprétation que nous avons de celle-ci constituent une part importante de notre image de soi. Celle-ci peut être considérée comme notre portrait intérieur : c'est la façon dont nous nous voyons, et ce que nous apprécions ou non de cette représentation mentale.

Nous sommes souvent conditionnées par les normes culturelles et sociétales, le culte de la minceur ou de la jeunesse, la pression de la norme, la tyrannie de l'apparence. Mais si nous prenions le temps de nous regarder minutieusement, des minutes entières devant le miroir, nous serions étonnées de découvrir ce que nous reflétons vraiment, ce que notre visage et notre corps disent vraiment de nous.

Au-delà des ressemblances, du masque social, des grimaces et des marques du temps, quelle est l'image que dessinent nos contours ?

MESSAGE

Si vous deviez représenter la femme sauvage qui loge en vous, quelles couleurs, formes et textures utiliseriez-vous pour lui faire honneur et lui rendre grâce ? Ce portrait qui s'esquisse furtivement dans votre imagination, c'est le vôtre. Voilà un talisman puissant qui saura vous guider vers celle que vous êtes vraiment : cette magicienne aux mille talents.

Ne faites pas montre de modestie : osez vous regarder telle que vous êtes vraiment à l'intérieur. Plongez vos yeux dans ceux de la femme sauvage qui vous fait face, ce tête-à-tête vous révélera.

SIGNIFICATIONS SUPPLÉMENTAIRES

- Certaines étiquettes vous collent à la peau, identifiez-les : trop timide, pas assez grande, trop grosse, pas assez vive... Apprenez à vous accepter telle que vous êtes : parfaitement imparfaite ! Et déconstruisez vos croyances limitantes en acceptant de voir tout ce que vous avez de beau, de singulier, de différent des autres.
- Vous êtes prisonnière des apparences : exercez-vous à voir la beauté profonde en vous et autour de vous.

Mise en application

Déracinez vos croyances erronées, délestez-vous du poids de votre histoire personnelle à travers cet exercice.

Placez-vous devant un miroir en pied et contemplez votre corps en entier. Concentrez-vous sur tout ce que vous appréciez. Faites durer cet instant quinze minutes minimum (vous pouvez programmer une alarme) afin de redécouvrir chaque détail de votre corps : vos grains de beauté, vos cicatrices... etc.

Plutôt que de vous juger, canalisez votre attention sur tout ce que votre corps vous permet de vivre et sur tout ce que vous avez déjà vécu grâce à lui (marcher, courir, danser, respirer, jouer, jouir, rire, crier...). Remerciez-le vivement, avec émotion et gratitude.

Lorsque vous avez fini, notez vos ressentis sur un carnet, accompagnés de la date du jour. Réalisez à nouveau cet exercice dans quelques semaines et voyez si l'image que vous avez de vous-même a évolué.

22. AIR

Corps

« Dans la nature, notre respiration se calme spontanément. »

Jørn Viumdal

Si nous n'y prenons pas garde, avec l'âge nous nous affaissons autour du centre de notre corps : petit à petit, nous nous recroquevillons autour de notre cœur.

À l'arrivée des beaux jours, il est courant de ressentir comme un appel dans la poitrine : un besoin d'espace. Nos cotes flottantes s'ouvrent sur l'extérieur, offrant de la place à nos poumons. Nous respirons un air nouveau, frais. Nous vivons une expansion.

À l'arrière, nos omoplates semblent aussi prendre vie. C'est toute notre cage thoracique qui s'anime dans le mouvement régulier d'une respiration profonde. Avec de l'attention, nous pouvons reconnaître son oscillation unique, semblable aux battements d'ailes d'un oiseau.

MESSAGE

L'heure de prendre votre envol a sonné. Vos ailes se sont formées, vos plumes sont devenues longues et solides, et vous connaissez intimement la chorégraphie des battements qui vous permettront de voler.

Cessez de garder vos ailes recroquevillées, vous sentez bien qu'elles vous réclament l'expérience du ciel ! Ces chatouilles au creux de votre dos, ce picotement d'impatience…, écoutez-les.

Courez, élancez-vous, déployez-vous ! Ayez confiance. L'air, bien qu'invisible, saura vous soutenir pour que vous puissiez côtoyer les nuages. Vous n'avez besoin que d'une chose : croire en vous. Vous savez voler.

SIGNIFICATIONS SUPPLÉMENTAIRES

- Vous avez du mal à respirer, vous avez le sentiment d'étouffer et vous vous sentez stressée : avez-vous assez d'espace pour vous-même ?
- Il serait bon dans votre quotidien de prendre plus souvent l'air.
- Vous ne prenez pas suffisamment le temps de reprendre votre souffle, ni de vous inspirer de ce qui vous entoure.

Mise en application

Voici un petit exercice de respiration. Asseyez-vous sur vos ischions (que j'appelle symboliquement « les petits pieds de la colonne vertébrale », sur lesquels elle peut s'ériger) et sentez vos fesses bien enracinées sur la chaise ou sur le sol. Ainsi campée sur vos fondations, vous allez pouvoir vous redresser et donner à vos poumons toute la place qu'ils réclament.

À chaque inspiration, l'air frais entre par vos narines, pénètre dans vos trois cornets nasaux (qui le filtrent), descend dans le pharynx, la trachée, les bronches, les bronchioles et enfin les alvéoles. Sur chaque inspiration, grandissez-vous un peu plus, mettez davantage d'espace entre chacune de vos vertèbres pour permettre l'expansion du souffle et de la colonne.

Les poumons ressemblent à des arbres, avec leur tronc et leurs branches remplies de grappes suspendues recevant l'air oxygéné et le dirigeant vers le cœur. Suivez le trajet de l'air qui entre frais et sort tiédi, entre et sort, entre et sort... Vous pouvez prendre le temps d'être juste là et d'observer votre respiration, sans jugement, jusqu'à ce que vous sentiez qu'elle se fait librement et que cela vous apaise et vous détend.

PRINTEMPS

23. SPIRALE

Corps

« Les écailles d'une pomme de pin s'enroulent en une double spirale suivant une progression entre chaque paire qui correspond au nombre d'or. »

Philip Ball

Dans la nature, rien ne s'érige vers le ciel de façon rectiligne, droite ou rigide. C'est une danse qui mène les végétaux jusqu'au soleil, un mouvement perpétuel et spiralé. La sève monte en circonvolutions, les tiges s'élèvent en tournant sur elles-mêmes…

Nous retrouvons le même schéma au sein de notre corps : les tissus qui sont autour de nos os et de nos muscles ont aussi évolué en colimaçon, nos os eux-mêmes sont formés ainsi. La spirale est partout en nous et autour de nous, elle a permis de construire l'univers tel que nous le connaissons.

De la galaxie à la fougère, la volute est le mouvement de la (re)naissance, la forme que prend l'énergie pour insuffler la vie. Les processus naturels circulent ainsi à l'infini. Ils ne sont jamais rectilignes… ou alors ce n'est qu'une apparence !

MESSAGE

Dans votre processus de renaissance, telle la fougère qui se déroule lentement pour s'ériger vers le ciel, vous êtes partagée entre deux mondes. Vous vivez la tension des contraires. Vous aimeriez tantôt demeurer dans votre cocon près de la Terre-Mère, tantôt vous verticaliser pour toucher le ciel et vivre au grand air.

Cette hésitation, ces allers-retours entre votre hiver et votre été intérieurs vous indiquent que quelques craintes subsistent encore face à l'idée de renaître : de quoi avez-vous peur ? Ne craignez pas de perdre le lien avec la Terre, car vous êtes bien ancrée au sol…

S'ériger demande du courage, celui d'accepter de vivre tout ce qu'apporte une nouvelle expérience. Pas d'inquiétude, vous allez prendre confiance. Déroulez lentement chaque feuille et chaque pétale, l'un après l'autre. Gorgez-vous des premiers rayons du soleil, ils vous donneront l'élan de monter encore plus haut. Appuyez-vous sur la terre qui vous supporte.

SIGNIFICATIONS SUPPLÉMENTAIRES

- Vous avez tendance à trop hésiter dans vos décisions et à tourner en rond dans vos actions.
- Demandez-vous comment se meut votre corps : tout en rondeur, de façon saccadée, de manière rigide ? Si vous bougez tout en rondeur, il y a des chances pour que votre corps soit souple et produise des mouvements fluides, car vous êtes relâchée, détendue. En revanche, si vous bougez de manière saccadée ou rigide, il se peut que vous soyez tendue, que vous ayez les muscles contractés par endroits, que vous ayez du mal à respirer à pleins poumons.
- Vous avez tendance à envisager votre environnement de manière figée et rectiligne.

Mise en application

Voici un exercice pour travailler sur l'enroulement et le déroulement de votre colonne vertébrale.

Enroulez votre colonne à partir de la première vertèbre cervicale, puis continuez avec toutes les vertèbres, en courbant l'avant du corps avec les muscles fléchisseurs situés à l'avant de la colonne vertébrale. Relâchez bien votre tête, ainsi que vos bras et vos épaules.

Puis déroulez lentement votre colonne vertébrale grâce aux muscles extenseurs situés à l'arrière du dos, en commençant par votre bassin et vos vertèbres lombaires puis en remontant de bas en haut jusqu'au sommet de la tête, en lâchant bien vos épaules. Appréciez le retour à la verticale en ouvrant vos yeux doucement et en en ressentant les effets sur votre ancrage.

PRINTEMPS

24. PULSION CRÉATRICE

Créativité

« Nous sommes créatives de nature. La créativité coule en nous comme le sang dans nos veines. »

Judy Reeves

Alors qu'à l'extérieur la nature se prépare et se pare de ses plus beaux atours, la folle énergie ambiante nous pénètre et nous donne mille envies. Les idées se bousculent au sortir de l'hiver, c'est une grande révolution interne qui se prépare.

Un élan et un désir puissants mettent fin à la stase hivernale. C'est une pulsion de vie qui nous fait sortir de notre abri et entreprendre de grands travaux. Mais avant de commencer à créer à nouveau, il faut se débarrasser de ce qui nous encombre.

Ainsi, nous nous lançons instinctivement dans un grand ménage de printemps. Nous trions, rangeons, jetons. Nous choisissons ce que nous gardons pour notre avenir et ce qui appartient désormais à un passé révolu. Grâce à cette entreprise vivifiante, nous devenons plus légères...

MESSAGE

Vous avez rendez-vous avec votre imagination. Vous recevez probablement des messages sous forme de synchronicités, telles que le livre prêté par une amie dont vous aviez justement besoin pour poursuivre votre création ou faire avancer un dossier en cours. Êtes-vous attentive ?

Avez-vous compris que votre pulsion créatrice vous demande d'être disponible et à son écoute ? Au fond de vous, des mots attendent d'être écrits, des formes attendent d'être dessinées et de prendre vie. Certaines idées sont nées en vous et elles méritent désormais d'être concrétisées.

Si ces idées sont venues jusqu'à vous, c'est qu'elles vous ont choisie. Et elles vous ont choisie parce que vous êtes la personne idéale pour les concrétiser. Peut-être pensez-vous que vous n'êtes pas naturellement créative ? Vous vous trompez ! Mettez-vous au service de votre pulsion de vie. Ainsi, vous découvrirez par quels canaux s'exprime votre créativité et vous vous épanouirez. Pour vous aider, remémorez-vous les pulsions premières et l'élan qui vous ont poussé à entrer en action et à faire aboutir un projet qui vous tenait à cœur.

SIGNIFICATIONS SUPPLÉMENTAIRES

- Dans certaines civilisations anciennes, on pensait que les oiseaux étaient des messagers des dieux et venaient nous confier une mission, un rôle, un projet : soyez attentive à leurs messages.
- Laissez venir votre inspiration en vous immergeant dans la nature.
- Gardez du temps pour développer ou laisser s'exprimer votre créativité en lisant, en écrivant, en dessinant, en collant, en dansant, en chantant...

Mise en application

Choisissez une musique qui vous plaît et qui vous donne envie de danser. Placez-vous dans un endroit où il y a assez d'espace pour que vous puissiez être libre de vos mouvements (chez vous, dans la nature, dans votre jardin, sur votre terrasse...).

Lancez la musique et fermez les yeux. Commencez par respirer, puis sentez le mouvement qui circule à l'intérieur de vous. Vous pouvez déjà bouger à l'intérieur, en imaginant la danse que vous inspire la mélodie que vous écoutez. Ressentez l'endroit du corps dans lequel naît le mouvement, et suivez-le.

Enfin, laissez-vous aller ! Cela n'a pas besoin d'être grandiose. Vos mouvements peuvent être tout petits : il peut simplement s'agir d'un battement de mains ou d'un dodelinement de la tête, sur place, sans déplacement. L'important est de ressentir, de vous laisser aller, de prendre du plaisir, les yeux ouverts ou fermés.

PRINTEMPS

25. ENSEMENCIÈRE

Créativité

« Si les histoires sont des graines, nous sommes le sol dans lequel elles germent. »

Clarissa Pinkola Estés

Il existe, sous nos pieds, des milliards de graines enterrées depuis des dizaines, des centaines d'années parfois, qui n'ont pas encore germé. Elles ont été semées par le vent, elles sont issues de plantes dont elles portent les espoirs de vie et de reproduction, et elles attendent patiemment que les conditions les meilleures soient réunies pour qu'elles puissent s'épanouir.

La terre fertile sur laquelle nous évoluons les protège. Dans chaque poignée de terre que nous soulevons, des graines par dizaines hibernent. Un jour, elles auront l'occasion de germer et de sortir de terre pour perpétuer l'espèce à laquelle elles appartiennent.

C'est une belle expérience que celle de découvrir dans la terre féconde les pousses qui s'épanouissent en elle. Voici une autre façon d'ensemencer le monde : donner l'occasion à d'anciennes espèces de pouvoir se déployer à nouveau.

MESSAGE

Il est temps de définir et de choisir le projet sur lequel vous allez porter toute votre attention dans les mois à venir. Quel type de projet nourrissez-vous ? À quoi ressemble la graine que vous allez semer ? Choisissez-la avec attention et plantez-la au cœur de votre terreau le plus fertile.

Pour qu'elle germe et pousse vaillamment, votre idée a besoin de chaleur et d'eau. Ne la noyez pas dans trop d'espoirs. Ne l'asséchez pas par négligence. Gardez à l'esprit qu'il est possible qu'elle ne germe pas tout de suite et ne fleurisse pas l'été prochain.

Parfois, un projet a besoin de rester au chaud durant des mois, voire des années, pour se fortifier et se développer dans l'ombre. Ce n'est pas parce qu'il ne se passe rien en surface que la terre est stérile... Soyez patiente et continuez de lui porter une douce et confiante attention.

SIGNIFICATIONS SUPPLÉMENTAIRES

- Lancez-vous dans une activité en lien avec la terre : maraîchage, jardinage, cueillette...
- Il est temps de semer de nouvelles graines de projets : vous avez besoin de créer, alors lancez-vous !

Mise en application

Je vous propose de jouer aux « ensemencières », à la saison du printemps ou en fin d'année, ou en septembre pour la rentrée scolaire. En effet, aucune fleur ne peut pousser si aucune graine n'a été semée. Et même quand il est difficile de savoir si la graine a été semée par la main du jardinier, une abeille, l'aile d'un oiseau ou le vent, cette loi nous permet de devenir des êtres plus responsables. Nous quittons notre posture de victime et agissons en pleine conscience pour prendre notre destinée en main.

- Munissez-vous de quelques petits gobelets à café en carton (dans un distributeur automatique) et de flageolets ou de graines de courge, de haricot, de lin, de tournesol…

✷ Trouvez de la terre pour en remplir les gobelets.

✷ Répondez aux questions :

- Et maintenant, que vous manque-t-il ?
- De quoi auriez-vous besoin ?
- Qu'aimeriez-vous faire ou être, désormais ?
- Quelles graines aimeriez-vous planter à nouveau ?
- Quelle est la meilleure manière de les planter et de les nourrir ?
- Qu'auriez-vous envie de récolter l'année prochaine ? Quels projets, rencontres, succès, émotions, sentiments ou situations avez-vous envie de voir dans votre panier de récolte ?

✷ Choisissez un des gobelets (après avoir répondu à ces questions le plus clairement possible) et écrivez dessus, au feutre noir, l'intention de cet ensemencement.

✷ Plantez plusieurs graines avec conscience et recouvrez-les de terre.

✷ Arrosez et surveillez la poussée des graines, avec des paroles encourageantes et une attitude constructive.

PRINTEMPS

26. TRAVERSÉE

Connaissance de soi

« Après avoir traversé la rivière, on oublie le pont, et quand on est guéri, on oublie le médecin. »

Proverbe tibétain

Il existe un conte, La Jeune Fille sans mains, écrit par les frères Grimm, qui retrace la traversée d'une femme en devenir. Celle-ci perd brutalement ses mains, que son père lui tranche en pleurant, obligé par le diable auquel il a donné sa fille par mégarde.

Ainsi amputée, la jeune fille décide de partir de son foyer et d'aller à la rencontre d'elle-même. Affamée, elle arrive devant un sublime verger protégé par une douve remplie d'eau. Les poires mûres, de l'autre côté, n'attendent qu'elle.

Si les esprits de la nature retirent l'eau sur son passage et font s'abaisser une branche pour mettre une poire à hauteur de sa bouche, c'est parce que la jeune fille fait désormais partie des leurs. Dans sa traversée de la douve, elle devient femme et esprit. Elle quitte une vie qui ne lui convenait plus, même si elle ne s'en rendait pas compte. Détachée de ce qui l'empêchait d'être vraiment elle-même, elle peut désormais vivre pleinement.

MESSAGE

Une mutation franche est nécessaire pour que vous puissiez prendre un nouveau départ. Cessez de somnoler. Pour l'instant, vous êtes comme la jeune fille aux mains coupées : en marche, mais privée de l'expression de votre être véritable.

N'ayez crainte, comme dans le conte, vos mains et votre créativité vont repousser : il s'agit de votre processus de résurrection. Mais pour cela, vous devrez sortir de votre zone de confort.

Au cours de votre traversée, vous allez rencontrer les personnes qui sauront enfin vous soutenir dans votre évolution. Et grâce à leur soutien, vous allez parvenir à votre réalisation personnelle.

SIGNIFICATIONS SUPPLÉMENTAIRES

- Cette carte vous invite à faire quelque chose avec vos mains : de la poterie, du tissage, de l'artisanat…
- Sortez de votre inertie en vous lançant un défi : lancez-vous dans une activité que vous n'avez jamais expérimentée, en compagnie de parfaits inconnus !
- Ne laissez pas votre destin aux mains d'autres personnes, aussi proches soient-elles : soyez-en la maîtresse.

Mise en application

Choisissez l'une des deux mises en application proposées ci-après selon votre envie et la situation du moment.

1

Prenez soin de vos mains en les massant et en faisant bouger tous vos doigts. Sollicitez-les par exemple en jouant du piano, en pratiquant une forme d'artisanat qui nécessite une certaine dextérité, en jardinant, en dessinant, en coiffant, en sculptant…

2

Faites une danse des mains. Trouvez un·e partenaire, demandez-lui de se placer face à vous et mettez de la musique. Ensemble, laissez aller vos mains sur le rythme : entrelacez-les, déroulez-les, tapez-les, jouez avec elles... Vers le haut, vers le bas, vers la droite, vers la gauche... Prenez l'initiative, chacun à votre tour, pour proposer des jeux de mains, de doigts, de poignets. Amusez-vous !

3

Décidez de créer à votre manière, avec vos mains, mais aussi avec tout votre corps : vous seule savez vers où aller et quoi choisir.

PRINTEMPS

27. TERRITOIRE

Connaissance de soi

« Il y a des jours où je trouve qu'il empiète sur mon territoire et vient envahir mes pièces les plus intimes. »

Katarina Mazetti

Nous avons toutes notre propre territoire. Physiquement, il est défini par notre corps, dont la peau est la frontière. Notre corps est notre Terre : nous sommes les seules à en avoir la carte, les clés et l'accès. Aucune autre personne n'a de droits sur lui.

Nos limites sont définies par l'espace que nous nous octroyons et par le temps de tranquillité dont nous avons besoin pour nous reposer. L'espace dont nous avons besoin peut prendre la forme d'une pièce rien qu'à soi dans la maison, à l'image d'une chambre d'adolescent. Nous pouvons fixer aussi une plage horaire au cours de laquelle personne n'a le droit de nous solliciter.

L'important est de définir notre territoire et nos limites, et de les défendre. De combien d'espace et de temps avons-nous besoin ? Nous respectons-nous suffisamment pour bannir toute intrusion intempestive ? Voilà un beau travail à effectuer, de connaissance et d'amour de soi.

MESSAGE

Vous ne défendez pas bien votre sphère intime. N'importe qui peut entrer et s'installer chez vous sans vous demander la permission au préalable : votre conjoint, vos enfants, vos parents, votre employeur, vos voisins…

Vous vous sentez impuissante face à cette situation. Vous aimeriez être mieux respectée par vos proches et garder un espace rien que pour vous. Combien de temps encore allez-vous vous laisser envahir ? Réagissez ! Créez les frontières de votre espace vital, de votre territoire, de cet endroit qui vous correspond et dans lequel vous devriez vous sentir en sécurité.

Définissez clairement les limites de votre territoire, fermez-en la porte, dégagez tout ce qui ne vous y appartient pas et aménagez-le à votre convenance. C'est vous qui choisissez. Vous avez le pouvoir. Dessinez vos limites à la craie sur le sol ou mettez un écriteau « indisponible jusqu'à telle heure, je prends soin de moi ou je me ressource... » s'il le faut.

SIGNIFICATIONS SUPPLÉMENTAIRES

- Vous n'avez pas pris votre place jusqu'à aujourd'hui, il est temps de vous faire accompagner si besoin.
- Vous êtes souvent malade, votre système immunitaire est défaillant : est-ce en lien avec votre espace vital qui est transgressé ?
- Vous ne savez pas dire non, apprenez à le faire et comprenez que ce n'est pas contre l'autre : c'est pour vous, votre santé physique, émotionnelle et spirituelle.

Mise en application

Pour sentir et vous approprier votre territoire, parcourez votre peau en y apposant vos mains bien à plat, sans pression, avec douceur. Votre peau est la première barrière, donc la première défense, de votre système immunitaire.

Faites ainsi le tour de vos terres corporelles et profitez-en pour vous rassembler, vous apaiser, vous unifier. Cela procure le sentiment d'être soi et permet de mieux prendre sa place.

Le seul fait de poser vos mains sur votre corps permet de vous unifier, de sentir vos limites, de vous rassembler, de vous recentrer, plutôt que de vous disperser.

C'est une technique que vous pouvez également appliquer à quelqu'un d'autre, par exemple à votre enfant s'il est agité, à une personne malade qui a besoin d'être apaisée, à votre conjoint·e ou à un·e ami·e pour lui faire du bien.

PRINTEMPS

28. FLORAISON

Spiritualité

« À chaque rencontre avec une femme, voyez en elle une des fleurs de votre paysage printanier. »

Marianne Grasselli Meier

Dans la roue de l'année païenne, Beltane est une fête printanière ayant lieu au début du mois de mai pour marquer la clôture de la saison sombre et l'avènement de la saison lumineuse. Traditionnellement, un grand feu de joie était allumé à la tombée de la nuit, et on y jetait des offrandes en espérant joie et protection en retour.

Cette fête est un moment de célébration et de beauté. Chacune se pare pour célébrer la renaissance du monde alentour, ainsi que sa propre renaissance. L'amour, la fécondité et la sexualité y sont célébrés : c'est la floraison de la vie.

Symbole de nettoyage, de purification et de renaissance, Beltane est aussi appelée « la nuit des sorcières ». Chaque femme peut choisir de rencontrer cette nuit-là sa beauté et sa puissance fondamentales, issues de la déesse qui sommeille en elle.

MESSAGE

Prenez le temps de vous célébrer, vous et le chemin qui vous a menée vers votre renaissance. Soyez fière, couronnez vos succès : ce sont des fleurs écloses aux couleurs chatoyantes et aux parfums enivrants. Portez-les fièrement au sommet de votre crâne, tenez-vous droite et avancez forte de votre démarche princière.

Vous rayonnez et vous regardez les autres femmes rayonner de concert, toutes ornées de leurs propres succès. Réjouissez-vous ensemble, célébrez-vous les unes les autres. Vous êtes toutes porteuses de vie, d'amour, de désirs.

C'est un moment de fête et de sororité hors du temps. La douce puissance que vous portez en vous ronronne de plaisir, vous expérimentez la floraison de l'âme.

SIGNIFICATIONS SUPPLÉMENTAIRES

- N'attendez pas qu'on vous offre des fleurs : offrez-les-vous.
- Vous aimez vous parer, mais vous ne le faites pas souvent : prenez le temps de vous faire belle quand vous célébrez quelque chose.
- Vous n'aimez pas qu'on vous regarde : vous devriez commencer par vous regarder vous-même.

Mise en application

Choisissez l'une des deux mises en application proposées ci-après selon la saison à laquelle vous tirez cette carte.

1

C'est la période de Beltane, la fête du printemps, c'est donc le moment de célébrer la fertilité et la floraison. Allez cueillir des fleurs, des feuilles de vigne ou d'aubépine et quelques branches souples. Tressez une couronne avec les branches souples et plantez-y les fleurs et les feuilles, ou attachez-les avec de la ficelle fine. Vous pouvez porter cette couronne pour une occasion particulière ou l'offrir à quelqu'un que vous aimez.

2

La saison du printemps est liée à l'air, à la floraison, à la verticalisation. Amusez-vous à ressentir votre colonne vertébrale, en lien avec le ciel, la légèreté. Grandissez-vous, étirez votre colonne vertébrale vers le haut, comme si votre boîte crânienne était reliée à un fil et que l'on vous soulevait, poussez sur vos pieds. Appréciez la sensation de légèreté et d'expansion que cet exercice vous apporte. Pensez-y en marchant.

ÉTÉ

29. ABONDANCE

Corps

« Les idées se pressent sous ma plume, si abondantes que je n'ai même pas le temps de les exprimer. »

Jane Austen

La saison d'été rime avec abondance. C'est le temps des récoltes à profusion, une période durant laquelle nous pouvons nous extasier de recevoir plus de ressources qu'il ne nous en faut. L'été est synonyme de lumière, d'odeurs et de chaleur, de richesse des paysages et des activités… et tout cela galvanise notre énergie.

Chaque année, nous nous gorgeons de cette opulence essentielle. Elle nous permet de nous déployer, de faire circuler notre énergie vitale qui déferle ensuite telle une onde sur nos terres et fertilise les graines de nos projets.

À travers notre corps, l'abondance se mue en « abondanse » : nous sommes pleines de ressources et remplies de l'énergie du mouvement. Nous dansons avec délectation et adoptons naturellement la posture des reines. Selon la médecine chinoise, en parfaite continuité avec l'élan de création du printemps, le souffle de l'été exprime le mouvement d'accroissement. L'ensemble des circulations qui culminent à l'extérieur du corps ouvrent à la conscience de soi face au monde…

MESSAGE

L'abondance est à vos pieds : tout est déjà là. Sentez-vous l'énergie qui circule en vous, comme la rivière abreuvant la terre ensemencée ? Vous vivez dans la richesse, mais peut-être que vous ne la voyez pas. Apprenez à considérer vos trésors pour ce qu'ils sont.

Vous avancez vers plus de confiance à votre égard, vos capacités innées sont prêtes à se déployer pour porter les idées qui vous sont chères. L'avènement de votre règne est proche, réjouissez-vous !

Ne résistez plus à entrer dans « l'abondanse » : célébrez vos réussites, exprimez vos ressentis, dialoguez avec les éléments qui vous entourent en dansant. Dans le plaisir et sans effort, vos mouvements fluides vous permettront de nourrir encore et encore votre énergie vitale.

SIGNIFICATIONS SUPPLÉMENTAIRES

- Il est temps de récolter le fruit de votre travail.
- Vous ne profitez pas de la profusion de vos idées : prenez conscience de votre opulente créativité.
- Vous vous refusez l'abondance, car vous êtes coincée dans une croyance limitante à votre sujet : sachez que vous y avez droit !

Mise en application

Pour attirer l'abondance, être remarquée et prendre sa place, avoir une bonne posture est primordial. Prenez conscience de votre posture en vous observant et en vous regardant dans tous les miroirs qui croiseront votre chemin.

- Comment regardez-vous les autres : franchement et droit dans les yeux, ou de biais et avec fourberie ?

- Comment est votre port de tête : digne comme celui d'une reine, élancé comme celui d'une danseuse ou enroulé, la tête rentrée dans les épaules, comme si vous portiez trop de poids sur vos épaules ?
- Comment marchez-vous : en déroulant souplement vos pieds ou en les traînant au sol, le regard baissé ou dirigé droit devant vous ?
- Comment sont vos épaules : rentrées vers le cœur et affaissées, ou détendues et bien en place, car vous laissez vos poumons bien faire leur travail ?
- Comment êtes-vous assise : ancrée sur vos ischions et le dos bien droit, ou le bassin complètement vers l'avant et le dos voûté ?

Après avoir pris conscience de votre posture, essayez de la corriger. Il ne s'agit pas de ressembler à un mannequin, mais de prendre vraiment votre place en vous déployant et en souriant.

ÉTÉ

30. DÉTENTE

Corps

« Le véritable bien se trouve dans le repos de la conscience. »

Sénèque

Les temps de détente, de relaxation et de repos sont essentiels à notre nature animale. Nous avons besoin de moments où le corps et l'esprit sont au repos pour sauvegarder notre équilibre. Nous prenons soin de nous dans l'apaisement.

C'est dans le calme et la contemplation que les idées se forment et que la créativité s'anime. Au quotidien, les espaces de lâcher-prise, de rêverie et d'insouciance peuvent se faire rares. Pourtant, ils sont le lit de notre ressourcement.

Au cœur de l'été, il est commun de ressentir un besoin de farniente. La flânerie nous appelle, il suffit de s'installer dans un coin de nature et de laisser son corps savourer les plaisirs immédiats que lui offre l'environnement.

MESSAGE

Stop ! arrêtez-vous : ne passez pas devant ce hamac suspendu entre deux arbres sans prendre quelques instants pour vous y installer confortablement. Vous en mourrez d'envie, acceptez donc l'offre ! Pourquoi devriez-vous lutter contre vous-même encore une fois ?

Niché au fond de la toile tendue, votre corps se relâche doucement. Reposez-vous. Détendez-vous. Vos yeux sont attirés par la danse des feuilles sur fond de ciel bleu, votre esprit est emporté dans quelques considérations enfantines. C'est si bon... n'est-ce pas ?

Ne perdez jamais de vue que vous y avez droit. Rien à faire, rien à accomplir… soyez entièrement absorbée par la délectation que le repos vous offre. Là, vous vous ressourcez.

SIGNIFICATIONS SUPPLÉMENTAIRES

- Si votre moral côtoie les sommets, faites attention à l'épuisement physique : écoutez votre corps et reposez-vous.
- Prenez le temps de ne rien faire et ennuyez-vous : ce n'est pas une perte de temps.
- Vous utilisez la détente comme excuse pour vous décharger de tout.

Mise en application

L'important est de trouver l'équilibre entre repos/relâchement et action/mise en tension.

Reprenez votre emploi du temps du jour ou de la semaine et voyez si cet équilibre repos/action a été respecté. À quels moments avez-vous travaillé ou vous êtes-vous mise en action ? Et à quels autres moments avez-vous pris soin de votre corps, de votre respiration, de votre musculation, de votre rythme cardiaque, de votre détente ?

Que pouvez-vous mettre en place, à partir de maintenant, de façon régulière, pour équilibrer vos temps de repos et d'action ? Peut-être pourriez-vous ajouter à votre planning un massage, un hammam entre amies, une sieste dans un hamac, une marche méditative, une séance de lecture, un instant au coin du feu l'hiver ou au bord de la rivière l'été ?

ÉTÉ

31. RIVIÈRE

Créativité

« L'eau va toujours à la rivière. »

Proverbe français

Dans le conte *La Llorona* (« la pleureuse »), issu du folklore mexicain, la rivière est présentée comme une allégorie de notre créativité. Elle peut être fluide et claire, mais également troublée par les agrégats de terre et de déchets qu'elle transporte, ou encore polluée par quelque acte de négligence ou de malveillance.

La rivière porte plusieurs courants. L'un d'entre eux est plus profond et plus froid que les autres, et transporte avec lui la boue et la vase que nous devons laisser filer pour que nos eaux retrouvent leur transparence originelle. L'important est d'entrer en relation avec notre rivière intérieure. Nous pouvons ainsi apprendre à la purifier et à l'honorer pour qu'elle devienne aussi pure que l'eau jaillissant des sources.

MESSAGE

Il est temps d'aller sonder les profondeurs de votre rivière intérieure. Vous y trouverez probablement des amoncellements de boue, dans lesquels vous plongerez vos mains. Avec ce geste, l'eau claire de votre rivière se troublera momentanément.

Mais ce n'est qu'un passage. Bientôt, les courants vont emporter au loin les grains de sable ainsi soulevés. Le trouble va laisser place à la clarté. Dorénavant, vous pourrez admirer les superbes galets polis au fond de l'eau.

Votre rivière vous permet de laisser filer dans ses courants les émotions, les sentiments et les pensées qui flétrissent votre âme et polluent votre créativité.

SIGNIFICATIONS SUPPLÉMENTAIRES

- Quelqu'un ou quelque chose pollue votre rivière, et vous laissez faire : agissez avant qu'il ne soit trop tard.
- Bravo, vous avez terminé votre grand nettoyage et savourez le fait de voir votre créativité briller à nouveau.
- Utilisez la boue que vous ramassez comme matière pour créer.

Mise en application

Choisissez l'un des trois exercices proposés ci-après selon vos besoins ou votre envie du moment. Ils ont pour but de prendre soin de vos liquides internes pour que vous puissiez décompresser et laisser couler ce qui a besoin de circuler librement.

1

Pour y voir plus clair et faire des choix sereinement, il est possible de convoquer la lymphe qui est un nettoyeur du corps. Vous pouvez le faire en vous offrant un drainage lymphatique.

2

Pour retrouver de la légèreté dans votre vie – notamment si vous vivez une situation complexe ou que vous êtes dans une impasse –, il est possible de stimuler le liquide céphalorachidien (crâne et colonne vertébrale). Installez-vous en position fœtale et mettez-vous à l'écoute de la circulation de ce liquide qui va de l'occiput au sacrum. Laissez-vous bercer par cette circulation et connectez-vous ainsi à l'énergie céleste.

3

Si vous avez besoin de retrouver vos racines, votre place, votre ancrage, vous pouvez convoquer votre sang artériel en tapant du pied sur le sol sur un rythme binaire (genoux pliés). Continuez à vous connecter à la Terre et à jouer avec l'énergie terrestre en roulant sur le sol et en sautant à pieds joints ou à cloche-pied.

ÉTÉ

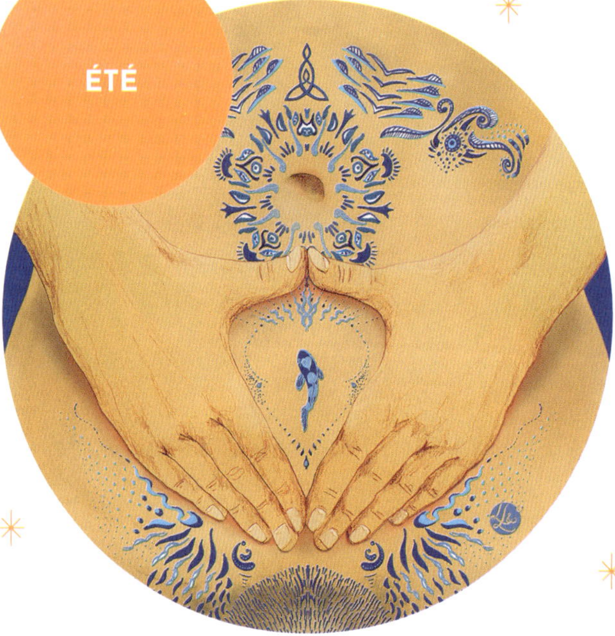

32. MATERNITÉ

Créativité

« Cette humeur protectrice, cette adresse à soigner, cette maternité délicate dans le geste – apanage des femmes. »

Colette

Lorsque nous mettons au monde un enfant, nous commençons par perdre les eaux. Les nourrissons sont comme les créatures marines dans l'océan : ce sont des poissons. La vie est apparue dans l'eau, et nous reproduisons cela dans notre bassin.

Énergétiquement, notre élan créateur prend racine dans cette coupole, dans ce réceptacle. Notre bassin est le lieu de tous les possibles, l'écosystème au sein duquel tout peut nidifier et se déployer. Il symbolise notre lieu de pouvoir.

Notre corps procrée, et notre esprit crée. En tant que mères d'enfants et d'idées, notre rôle consiste à accueillir et à recevoir, avec un amour inconditionnel, toutes les créations que nous nous sentons capables de porter.

MESSAGE

Êtes-vous capable de recevoir et d'accueillir sans crainte ce que la vie vous apporte ? Parvenez-vous à porter les projets qui éclosent dans la chaleur et l'humidité de votre ventre ?

Si vous n'arrivez pas ou plus à créer ou à procréer, demandez-vous si quelque chose ne bloque pas la circulation de vos eaux intérieures. Ce peut être une croyance limitante, une peur, un ressentiment, une mémoire…

Ouvrez la discussion avec les femmes de votre entourage. Leur vision de la maternité et leur expérience de la procréation vous permettront de mettre en perspective ce qui se joue en vous.

SIGNIFICATIONS SUPPLÉMENTAIRES

- Votre bassin est bloqué, et cela vous gêne dans votre élan créateur.
- La maternité est un sujet sensible pour vous, vous ne parvenez pas à être enceinte ou vous ne ressentez pas la fibre maternelle (et vous en avez le droit).
- Félicitations, une nouvelle (pro)création prend vie en vous : accueillez-la !

Mise en application

Choisissez l'un des trois exercices proposés ci-après selon votre situation.

1

Vous avez déjà eu un enfant : allongez-vous et posez les mains sur votre bas-ventre. Prenez un temps pour vous reconnecter à la mémoire de cet être qui vous a habitée durant quelques mois pour grandir avec vous. Honorez la vie que vous avez donnée en respirant amplement, en souriant, en gonflant votre ventre, en fermant les yeux et en savourant.

2

Vous n'avez pas encore d'enfant et avez envie d'en avoir un jour : posez vos mains sur votre bas-ventre et imaginez qu'un être l'habite. Respirez avec lui et laissez votre ventre s'assouplir et se remplir d'air. Laissez-vous aller et prenez le temps d'imaginer la vie qui pourrait grandir en vous.

3

Vous ne voulez pas avoir d'enfant : posez vos mains sur votre bas-ventre et ressentez l'énergie qui circule sous vos paumes. Imaginez que cette énergie se met au service d'un projet qui vous tient à cœur. Respirez et laissez le souffle de ce projet naître dans votre ventre puis s'étendre à tout votre être. Nourrissez-vous de cette énergie bienfaisante.

33. CONFIANCE EN SOI

Connaissance de soi

« Lorsque nous croyons manquer de confiance en nous, ce qui manque, en réalité, c'est la confiance en l'autre. »

Anne Dufourmantelle

Avoir confiance en soi, c'est faire preuve d'un ancrage personnel suffisamment stable et solide pour nous permettre de faire face à tout type de situation. Nous savons que, quoi qu'il arrive, nous pouvons compter sur nous-mêmes.

Développer notre capacité d'adaptation nous permet d'acquérir plus de confiance en soi. Lorsque nous sommes flexibles, nous apprenons, nous nous formons, nous faisons face au changement sans même nous en rendre compte. C'est simple et naturel. Notre adaptabilité est le socle de notre confiance en soi.

MESSAGE

Plutôt que de vous positionner instinctivement contre le risque et l'imprévu, choisissez d'adopter la posture du « pourquoi pas ? ». De cette manière, vous changez de point de vue et êtes plus à même de saisir l'opportunité dissimulée derrière l'inconnu.

Prenez exemple sur l'eau. Cette matière limpide est capable de s'adapter à toutes les contraintes de l'environnement.

N'hésitez plus et plongez ! Plus vous oserez faire de sauts dans l'inconnu, plus vous aurez confiance en vous pour en faire de nouveaux. Vous découvrirez à coup sûr que vous savez nager... ou même voler...

SIGNIFICATIONS SUPPLÉMENTAIRES

- Vous avez des difficultés à vous adapter, chaque changement est un drame : relativisez.
- Votre confiance en vous est sabotée par votre inertie ; pour vaincre la peur, commencez petit.
- Vous avez tendance à vous plier en quatre pour répondre aux besoins et aux demandes de votre entourage : il est temps de penser à vous.

Mise en application

Le sourire est essentiel au bonheur et à l'amélioration de l'estime de soi, donc de la confiance en soi. Des études montrent que sourire davantage (même si c'est un peu forcé au départ) peut diminuer le stress et procure également de nombreux autres avantages : non seulement cela améliore notre humeur, mais aussi celle des autres. Quand nous sourions, nous laissons notre lumière briller sur les autres et servons ainsi d'exemple. Nos proches pourront également s'autoriser à sourire plus.

Sourire est un acte exigeant pour le corps ! Effectivement, ce sont dix-sept muscles qui entrent en action lorsque vous souriez : autour de la bouche, mais aussi autour des yeux. On relève une vingtaine de sourires différents, selon l'émotion que l'on ressent et qui produit le sourire : la légèreté, la gratitude, la joie… Faites l'exercice à la maison : installez-vous devant un miroir et essayez de voir combien de sourires différents vous pensez ou pouvez exposer aux yeux de tous au quotidien.

ÉTÉ

34. EAUX

Connaissance de soi

« L'eau n'oublie pas son chemin. »

Proverbe russe

En Body-Mind Centering®, on dit que notre corps – principalement composé d'eau – contient neuf liquides distincts. Leur rôle est d'apporter aux cellules les éléments qui viennent les nourrir et d'évacuer les déchets qu'elles rejettent.

Nos eaux intérieures sont également porteuses de nos émotions. Dans le mot « émotion », nous retrouvons le mot latin *motio* qui signifie « mouvement ».

Nos liquides corporels ont besoin de mouvement pour rester purs, fluides, vivifiants. Ils sont les vecteurs de notre énergie vitale. C'est pourquoi il est intéressant d'apprendre à entrer en relation avec eux et à s'en servir.

MESSAGE

Immergé dans la mer, sous l'eau claire et mouvante, votre corps est léger. Vous vous sentez libre, car la gravité ne vous soumet plus. Vous flottez béatement et appréciez la sensation de pouvoir bouger comme bon vous semble.

L'eau qui vous enveloppe, ronde et affluente, est la mère des liquides qui circulent dans votre corps. Vos énergies et vos émotions demandent aussi à être libres de leurs mouvements à l'intérieur de vous.

Portez votre attention sur les liquides de votre corps et leur libre circulation. Votre santé holistique est en jeu. Laissez-vous traverser par vos émotions et par l'énergie qu'elles dégagent. Ne bloquez plus rien : l'inertie est un danger.

SIGNIFICATIONS SUPPLÉMENTAIRES

- Certains barrages émotionnels sont cristallisés dans votre corps et vous causent de grandes difficultés : apprenez à les exprimer.
- Visualisez et plongez dans votre océan intérieur : que ressentez-vous ?
- Certains de vos liquides ne circulent pas librement, faites appel à un·e praticien·ne en Body-Mind Centering® ou à un acupuncteur·trice.

Mise en application

Choisissez l'une des deux mises en application proposées ci-après selon la saison.

1

Nos milliards de cellules baignent dans un océan appelé « liquide interstitiel » : elles sont nourries grâce à lui. Le moment où les protéines entrent dans nos cellules et où les déchets en sortent s'appelle la « respiration interne » de notre corps ou la « respiration cellulaire ». Méditez sur cette respiration cellulaire. Asseyez-vous en tailleur, au calme, fermez les yeux, respirez et plongez dans un état calme et tranquille. Ressentez ce va-et-vient, semblable à des vagues internes, qui vous permet d'entrer dans un état de présence à vous-même. Savourez !

2

Aux beaux jours, demandez à une personne de confiance de vous aider à pratiquer un « baptême ». Installez-vous au bord de l'eau (à la mer ou à la rivière), en maillot de bain, et demandez à votre ami·e de vous verser de l'eau dessus, doucement et en silence, à l'aide d'un récipient (une gourde, un gobelet...). Fermez les yeux et, à mesure que l'eau s'écoule sur votre peau, laissez partir avec elle toutes les émotions qui vous encombrent, tout ce qui vous rend triste et morose, tout ce qui vous met en difficulté.

35. ODE AU FÉMININ

Spiritualité

« Parler avec la vulve signifie parler avec la bouche vitale. »

Clarissa Pinkola Estés

Nous célébrons à travers cette carte le sexe féminin, appelé aussi « yoni ». En sanskrit, le mot *yoni* désigne à la fois la matrice et la vulve. À l'instar du célèbre tableau de Gustave Courbet, *L'Origine du monde*, depuis toujours les différentes civilisations ont considéré la vulve comme étant à l'origine de la vie.

Le sexe des femmes est puissant. Il est la porte qui s'ouvre sur la matrice qui crée la vie et la protège. Il s'agit là d'une magie naturelle, convoitée, sur laquelle les hommes n'ont pas de prise. C'est pourquoi les femmes ont subi mille tentatives d'asservissement.

Les femmes portent en elles le secret de nos origines. La vulve, tel un bouton de fleur qui s'ouvre et se déploie, en est la gardienne. Nous devons l'honorer et la chérir, car sans elle rien ne serait possible.

MESSAGE

Votre relation à votre vulve a été blessée. Vous avez peut-être vécu un acte malveillant à son égard, tout comme certaines femmes de votre lignée avant vous. Vous portez ces mémoires comme un fardeau qui vous empêche de vous exprimer librement parce que ce traumatisme n'a pas été guéri, conscientisé.

Vous ne parvenez pas à vous connecter sereinement à votre matrice, ni à tisser un lien durable avec elle. Pour transformer cela, vous devez guérir votre relation à vos fondations et à vos origines.

Choisissez d'honorer votre vulve. Chérissez-la. Malgré les mutilations et les offenses dont elle porte les stigmates, elle est là pour vous ! Soignez-la. Guérissez-la et guérissez-vous. Bientôt, vous recouvrerez toute votre puissance de femme.

SIGNIFICATIONS SUPPLÉMENTAIRES

- Votre rapport à votre sexe et à votre sexualité est tabou, vous avez des difficultés à apprécier et à libérer cette part de vous.
- Votre énergie féminine demande à se déployer : cessez de la contenir.
- Vous avez noué une belle relation avec votre yoni grâce à votre travail sur vous-même, soyez-en fière.

Mise en application

Le sexe est en lien avec le deuxième chakra, le chakra sacré, nommé *svadhisthana* en sanskrit, ce qui signifie « lieu de douceur ». Il est en lien avec notre vitalité physique et notre état émotionnel, avec notre joie d'être au monde et notre lien aux autres (avec lesquels nous partageons des plaisirs ou des désirs physiques).

Procurez-vous une coupelle d'eau tiède, une serviette moelleuse, une bougie, de l'encens si vous l'appréciez, et choisissez une musique douce. Installez-vous dans une pièce fermée à clé : vous allez guérir les blessures que votre yoni a subies.

Mettez-vous entièrement nue et asseyez-vous sur votre serviette pliée. Allumez la bougie, l'encens et la musique. Tout en pensant à ce que vous avez vécu, passez de l'eau sur votre sexe dans l'intention de calmer le feu, la souffrance et la mémoire de l'événement désagréable. Vous pouvez chanter ou prier à votre manière en effectuant ces gestes tendres. Prenez tout le temps dont vous avez besoin pour incorporer, ressentir et respirer en conscience. Ouvrez les yeux, puis éteignez la musique, la bougie et l'encens. Le rituel est terminé.

FEMME SOUVERAINE

36. ÉMANCIPATION

Corps

« S'émanciper, c'est, pour moi, se battre pour obtenir un bonheur autre que celui pour lequel la plupart des femmes ont été éduquées. »

Romy Schneider

Quand nous parvenons, après un beau travail sur soi, à connaître qui nous sommes et à savoir sur quel chemin nous souhaitons avancer, nous entrons dans une nouvelle phase exquise de notre développement personnel : celle de l'émancipation.

S'émanciper, c'est s'affranchir d'une dépendance ou d'une contrainte. L'émancipation est un passage ou une rupture. C'est le moment où nous devenons conscientes que nous sommes indépendantes et puissantes. Nous trouvons enfin en nous-mêmes le pouvoir de décider pour nous.

Dans l'émancipation, nous restons liées aux autres, mais nous reprenons l'ascendant que nous leur avions laissé jusqu'à présent. Nous décidons de ne plus être assujetties : ni à des personnes ni à des pressions, ni à des situations ni à des croyances limitantes – à tous ces éléments qui nous retenaient et nous empêchaient d'être pleinement nous-mêmes.

MESSAGE

Durant cette phase particulière qu'est l'émancipation, il est possible que vous viviez une seconde adolescence ou que vous incarniez celle que vous n'osiez pas être à l'époque. Vous sentez ce besoin impérieux de liberté dans votre corps, dans vos côtes qui s'ouvrent, dans vos poumons qui se déploient.

S'émanciper, c'est se réaliser, s'accomplir. Cela passe par un alignement du corps, du cœur et de l'esprit afin d'assumer son identité profonde, de se positionner clairement, de prendre toute sa place.

SIGNIFICATIONS SUPPLÉMENTAIRES

- Vous vivez une rupture difficile : prenez du recul. Si elle se présente dans votre vie, c'est peut-être pour un mieux.
- Votre rayonnement a un impact sur votre entourage proche, continuez à montrer l'exemple.
- Vous vous accrochez à quelque chose qui vous est cher, mais qui vous bloque : réagissez !

Mise en application

Choisissez l'une des deux mises en application proposées ci-après selon votre envie et votre situation.

1

De quoi devez-vous encore vous libérer pour vous émanciper complètement ? Prenez un morceau de papier et notez ce qui vous vient. Qu'est-ce qui vous retient toujours ? Quelle est la dernière chaîne qui entrave vos mouvements ? Écrivez « Pour continuer à m'émanciper, je me libère de… » et laissez filer les mots.

2

Sur le plan corporel, qu'est-ce qui vous retient encore, vous rapetisse, vous pose problème, vous maintient à l'étroit ? Avez-vous, par exemple, tendance à vous faire toute petite, à parler d'une voix faible, à cacher certaines parties de votre corps ? Si c'est le cas, peut-être êtes-vous toujours sous le joug d'injonctions familiales et sociétales telles que « Sois belle, mince, jeune, en forme, épilée, bronzée, musclée, intelligente... ». Il n'est pas toujours facile de s'affranchir de ce que nos parents ou la société nous ont appris pour être aimées, reconnues, intégrées... Prenez conscience de ces diktats qui vous entravent afin de vous en libérer et de redonner à votre corps toute son expansion.

FEMME SOUVERAINE

37. JOIE DE L'EXPRESSION

Créativité

« La joie de vivre est dans l'art de s'épanouir. »

Chérif Kebbas

Lorsque nous nous exprimons librement et sans contrainte, nous rayonnons et nous goûtons alors au bonheur d'émettre pleinement. S'exprimer, par la forme qui nous convient le mieux, est le secret de la résolution de toutes les situations...

Quel que soit le langage que nous aimons utiliser pour nous exprimer à notre façon et sans détour, cela nous guérit profondément. La joie de l'expression, c'est ressentir les émotions qui voyagent et la libération qui en découle.

Plus nous nous exprimons, plus nous permettons aux énergies de circuler à l'intérieur de notre corps. Les énergies stagnantes sont la cause de nombreux troubles physiques, psychologiques et émotionnels. La médecine de l'expression est une voie vers la guérison holistique et le maintien de notre bien-être au quotidien.

MESSAGE

Vous savez écouter votre corps et recevoir les messages qu'il vous envoie. Vous l'avez appris avec beaucoup de patience (et parfois à vos dépens), mais ce n'est plus suffisant. Il est temps de passer à l'étape suivante.

Plutôt que de garder *imprimés* en vous les mots/maux gravés dans votre esprit et marqués dans votre chair, *exprimez*-les. Il arrive que certaines émotions refoulées se transforment en maladie ou en affection physique. Alors, dites haut et fort ce que vous ressentez.

Soyez créative : dansez-les, chantez-les, dessinez-les. Osez présenter votre œuvre au monde. Ne vous en faites pas : la peur sera bientôt remplacée par l'excitation, la joie de l'expression et les ovations du monde ébahi par votre courage et votre créativité.

SIGNIFICATIONS SUPPLÉMENTAIRES

- Votre gorge serrée vous fait souffrir chroniquement : vous avez quelque chose à dire, alors parlez !
- Vous êtes sur le point de dévoiler l'essence de votre vécu à quelqu'un : n'hésitez plus, allez-y !
- Votre façon de vous exprimer est source de conflits, interrogez-vous sur votre attitude.

Mise en application

Comme nous l'avons vu, exprimer votre ressenti et vos émotions vous permet d'évacuer vos nœuds, vos tensions. Laissez-vous emporter par une expression dansée, presque toujours source de joie.

Fermez les yeux, laissez-vous inspirer par une lecture, un film, un paysage que vous avez traversé, une musique, une BD, un jeu... et laissez votre corps s'ex primer, entrer en mouvement. Ce peut être un déplacement dans l'espace qui vous rappelle un trajet en train, des gestes de la main qui vous permettent de traduire des émotions vécues avec un·e amoureux·se, ou encore des ondulations de la colonne vertébrale qui vous évoquent les sensations de votre expérience dans un grand huit.

Cette expression dansée n'est pas forcément spectaculaire, mais elle est sensible. Elle vous permet d'exprimer les sensations qui se sont imprimées dans votre corps lors de vos différentes expériences. Extérioriser ce que vous avez senti et ressenti permet d'entrer dans l'action, d'entrer dans la vie, de vous sentir vivante.

FEMME SOUVERAINE

38. RELIANCE

Spiritualité

« Nul ne peut avoir de lien avec son prochain s'il n'en a d'abord avec lui-même. »

Carl Gustav Jung

En tant que femmes nées dans une société patriarcale et capitaliste, nous grandissons souvent avec des préceptes, inconscients, qui nous obligent à considérer les autres femmes comme des concurrentes ou des ennemies.

Ainsi, nous pouvons avoir tendance à nous méfier les unes des autres, à être sujettes à la critique envers nos semblables. Pourtant, nous vivons toutes des expériences similaires. Nous sommes liées les unes aux autres : ce qu'une femme réussit, elle le réussit pour toutes les autres.

Prendre conscience de cette reliance nous permet de faire tribu. La découverte de la sororité est une expérience bouleversante pour celles qui n'ont connu que la compétitivité. Soutenir et honorer nos sœurs, les écouter et les choyer, c'est initier le changement que nous souhaitons voir apparaître dans le futur.

MESSAGE

Unissez votre voix à celles de vos sœurs. Autour de vous se tiennent en cercle des femmes différentes, mais qui vous ressemblent intimement malgré tout. Comme vous, elles sont sensibles, vulnérables et puissantes. À travers leurs regards, elles vous témoignent leur soutien.

Choisissez de faire tribu avec elles. Elles sont les gardiennes du vivant et de la sororité que vous constituerez à leurs côtés. Leur soutien vous permettra d'honorer celle que vous êtes tout en célébrant joyeusement chaque femme que vous rencontrerez.

Comprenez que, dans cette reliance, votre parcours individuel entre en écho avec les leurs. Vous n'êtes pas seule. Faire tribu, c'est accepter l'aide et le challenge qu'apporte la vie en communauté. Célébrez ces liens comme il se doit.

SIGNIFICATIONS SUPPLÉMENTAIRES

- L'une de vos sœurs a besoin de votre soutien.
- Vous n'allez pas bien : reliez-vous à des personnes qui vous soutiennent, vous encouragent, partagent vos valeurs.
- Déposez les œufs que vous couvez seule au sein de la tribu : grâce aux énergies mutualisées de chacune, ils pourront éclore.
- Vous souhaitez créer votre propre tribu : lancez-vous, vos sœurs vous attendent quelque part.

Mise en application

Les poissons possèdent un organe sensoriel nommé la « ligne latérale » : il s'agit d'un canal situé sur chaque flanc leur permettant de déceler les mouvements de l'eau et les changements de pression. De la même manière que les poissons qui, liés par leur ligne latérale, se déplacent très vite ensemble, tournant tous exactement au même moment, nous pouvons nous relier aux autres avec nos flancs.

Intégrez ou constituez avec quelques amies un cercle de femmes et asseyez-vous en rond, collées les unes aux autres. Ressentez les personnes qui vous entourent en vous connectant à elles par vos flancs, ressentez leur contact sur votre peau ou vos habits. Vous n'avez pas besoin de les regarder dans les yeux pour être reliée à elles, ni de leur parler. Soyez attentive à ce que vous percevez, vous serez surprise de tout ce qui peut émaner de ce simple contact.

FEMME SOUVERAINE

39. VIVANTE

Connaissance de soi

« Le bonheur ne se définit pas par un grand calme, mais plutôt par la sensation d'être terriblement vivante. »

Tara Depré

Pour nous sentir connectées au vivant, nous devons réveiller le pouvoir d'émerveillement qui sommeille en nous. Nous l'avons connu dans notre très jeune âge, au cours de nos toutes premières expériences de vie.

Il s'agit de porter sur le monde un regard empli d'amour, mais cela n'est pas aussi simple qu'il n'y paraît… Notre capacité à nous émerveiller et à nous sentir pleinement vivantes est régulièrement altérée par le quotidien de la vie moderne.

Afin de guérir de notre manque de présence à la vie, laissons-nous inspirer par la nature environnante. Ce qui nous entoure est souvent à l'image de ce qui fluctue à l'intérieur de nous-mêmes : lorsque nous sommes tristes, nous avons tendance à nous isoler dans un endroit sombre, à l'abri des regards ; lorsque nous sommes heureuses, nous avons plutôt envie de nous montrer, de nous mettre en plein soleil. En nous branchant sur la beauté de la nature, il y a des chances que nous nous rappelions notre propre beauté à travers elle.

MESSAGE

Prenez conscience de l'infinie et sublime puissance de la nature. Émerveillez-vous de son spectacle sans cesse renouvelé, laissez-vous imprégner par sa magnificence et exprimez-lui votre gratitude.

Observez le feuillage, les tiges et les pétales des végétaux, les ailes qui papillonnent au-dessus de votre tête. Tous les enseignements dont vous avez besoin sont là. Ils vous entourent et attendent que vous soyez prête à engendrer votre transformation intérieure. Accueillez-les simplement.

Redevenez vivante en vous connectant à la nature et à votre propre nature. Honorez la vie qui se déploie en vous comme elle se déploie autour de vous. Soyez juste vivante, dans le présent, hors des pensées, hors des projections dans le passé ou le futur.

SIGNIFICATIONS SUPPLÉMENTAIRES

- En ce moment, vous ne faites qu'un avec la nature, et cela vous réussit.
- Vous aimeriez vous sentir pleinement vivante, mais vous n'avez pas les bons outils : optez pour la simplicité plutôt que pour l'adrénaline.
- L'appel de la nature se fait sentir : cédez-y dès maintenant, c'est une question de survie.

Mise en application

Immergez-vous dans la nature et concentrez-vous sur les sensations qu'elle vous procure. Laissez-vous inspirer par exemple par le mouvement des feuilles, des tiges, des fleurs, des insectes, des nuages qui passent. Laissez votre corps bouger à l'unisson, assise ou debout, comme cela vous est agréable. Ce peut être votre colonne vertébrale qui ondule, votre tête ou vos bras qui caressent l'espace, vos pieds qui repoussent le sol…

Ressentez le vent qui vous caresse, les sons de l'eau qui vous bercent, le murmure des insectes qui vous invite peut-être à vous rouler dans l'herbe ou à vous déplacer à quatre pattes... Émerveillez-vous de tout ce qui se passe autour de vous et en vous, de votre propre mouvement interne et externe, des capacités infinies de votre corps, de la vie qui circule en vous, à l'image de celle qui se déploie sous vos yeux dans la nature.

FEMME SOUVERAINE

40. INDIVIDUATION

Connaissance de soi

« On devient adulte, responsable, et indépendant le jour où on cesse de chercher des coupables à ses problèmes pour trouver des solutions. »

Rava Bakou

Au cours de notre existence, nous sommes amenées à expérimenter de nombreuses formes de séparation : une rupture amicale ou amoureuse, le décès d'un proche, le départ de nos enfants devenus adultes, la fin d'un projet professionnel…

Tout être vivant et toute relation sont soumis au cycle de la vie tel que nous le connaissons : naissance, croissance, mort. Plutôt que de craindre et subir ces séparations qui ne manqueront pas d'arriver, nous pouvons apprendre à les envisager différemment.

En tant qu'adulte responsable, comprenons que chaque séparation nous donne l'occasion de gagner en ancrage, en puissance et en autonomie. C'est par l'individuation qui est, selon Carl Gustav Jung, le processus à travers lequel l'être humain évolue d'un état infantile d'identification totale vers un état de plus grande différenciation par rapport aux autres, que nous pouvons honorer ce que nous avons vécu ensemble tout en étant capables de couper le cordon en conscience.

MESSAGE

Vous avez vécu une aventure ou une relation extraordinaire qui vous a beaucoup apporté. Dans cette relation ou cette aventure, vous vous êtes sentie soutenue quand vous en aviez besoin, mais vous avez aussi été challengée et, grâce à cela, vous avez évolué pour le mieux.

Cette aventure ou cette relation touche aujourd'hui à sa fin : vous sentez que chacune des parties prend ses distances, dans un réflexe naturel de protection. Ne laissez pas la relation s'éteindre de cette façon : armez-vous de courage, gardez le cœur grand ouvert et coupez le cordon de concert, en vous remémorant ce qui vous a lié·e·s.

Remerciez-vous l'un·e l'autre. Vous vous êtes mutuellement permis d'entrer dans une nouvelle autonomie. Votre relation a été authentique, et ce que vous étiez ensemble a compté. Dorénavant, l'important est d'exister en tant qu'individu à part entière, solide et puissant.

SIGNIFICATIONS SUPPLÉMENTAIRES

- ✷ Vous refusez de mettre un terme à une relation qui n'a plus lieu d'être : reprenez-vous.
- ✷ Vous souffrez parce qu'une personne de votre entourage a mis fin à votre relation sans votre consentement.
- ✷ Vous êtes pleine de reconnaissance pour l'aventure que vous avez vécue et vous percevez combien elle a contribué à votre évolution sur le long terme.

Mise en application

Bonnie Bainbridge Cohen, fondatrice du Body-Mind Centering®, a beaucoup travaillé sur l'un de nos liquides corporels qu'elle a nommé le « liquide transitionnel ». Nous pouvons toujours faire appel à lui quand nous passons d'une activité à une autre, d'un état à un autre, d'une relation à une autre. Il peut nous aider à faire la transition comme à transformer notre présence et notre attention pour faire face à une nouvelle situation.

Installez-vous confortablement et imaginez qu'au moment où vos cellules s'apprêtent à être nourries, votre liquide transitionnel facilite l'entrée des protéines en leur sein et la sortie des déchets. Ressentez cet aller-retour comme une vague à l'intérieur de vous, et convoquez cette image à l'occasion d'un changement dans votre vie. Ayez l'intention claire de vous connecter à ce liquide et observez-en les effets.

FEMME SOUVERAINE

41. SOUVERAINE

Spiritualité

« Je ne vis pas pour être un esclave, mais le souverain de mon existence. »

Le Cercle des poètes disparus

La ramure du cerf symbolise le cycle de la vie et des saisons. Chaque année, au sortir de l'hiver, ses bois se détachent de son crâne. Puis, au printemps, ils repoussent, recouverts d'abord d'un velours que le puissant animal, au début de l'été, enlève en frottant vigoureusement ses bois contre l'écorce des arbres.

Année après année, la ramure du cerf devient de plus en plus majestueuse. Ses bois s'épaississent et s'allongent vers le ciel, comme pour capter les énergies célestes. La puissance de l'ancrage du cerf, alliée à sa connexion au domaine des cieux, fait de lui le souverain de nos forêts.

Quand, à l'automne, à la tombée de la nuit, son brame emplit l'espace sonore de la nature environnante, nous sommes bercées par son superbe timbre et émerveillées par sa capacité à guider les âmes.

MESSAGE

Vous êtes la souveraine de votre existence. Tel le cerf qui dépose son ancienne ramure dans la neige pour en développer une nouvelle au printemps, vous avez conscience que la couronne que vous portez est sans cesse amenée à évoluer.

Chaque année, vous explorez votre monde intérieur lors de la saison sombre et vous revenez toujours plus lumineuse et grandie de ce voyage. Cette majesté que vous acquérez au fur et à mesure se manifeste par l'aura qui se déploie au-dessus de votre crâne.

Vous êtes sage, intimement connectée au vivant, et vous savez ressentir les appels de votre environnement. En tant que femme souveraine, vous êtes capable d'y répondre et de faire entendre votre voix pour guider les âmes dans la nuit.

SIGNIFICATIONS SUPPLÉMENTAIRES

- Votre couronne est tombée, et cela vous effraie : pas de panique, elle va repousser !
- Vous êtes appelée pour évoluer vers plus grand que vous : n'hésitez pas à répondre, votre ascension est légitime.
- Vous avez compris et ressenti, dans votre corps et dans votre âme, la puissance du cycle des saisons : félicitations !

Mise en application

Devenir souveraine, c'est avoir le port de tête d'une reine, la démarche d'une personne sûre d'elle, altière, fière et bien décidée à prendre sa place.

Je vous propose d'imaginer que vous êtes une reine et que vous parcourez les grands couloirs de votre palais. Vous vous respectez et vous avez envie que l'on vous respecte. Vous souhaitez vous déployer, pleinement. Faites donc l'exercice de vous déplacer comme une reine : marchez la tête haute afin que l'on vous regarde, que l'on vous admire, que l'on ait envie de vous rencontrer. Il ne s'agit pas d'en faire trop : déroulez simplement vos pieds, grandissez-vous, détendez vos épaules, regardez droit devant vous.

Vous n'êtes plus freinée par votre passé ni par vos doutes : vous êtes puissante. Voyez alors comme tout est possible, comme le monde s'ouvre à vous.

FEMME SOUVERAINE

42. REMEMBER

Corps

« Que sont mes reliques ? mes souvenirs si précieux, mes rêves si surréels ? Qu'est-ce que j'entends préserver, à tout prix, de la décomposition que nous signifie déjà, bien avant la mort, la fuite du temps ? »

Jean-Bertrand Pontalis

La mémoire est un ciment qui nous permet de nous rassembler, de nous retrouver, qu'il s'agisse de notre esprit – *remember* – ou de notre corps – remembrement. Se souvenir, c'est réunir les différentes parts de soi en une seule et même unité.

Cette action d'unification nous ramène à la vie. Les traumatismes que nous sommes amenées à vivre au cours de notre existence peuvent partitionner notre corps et notre esprit. Nous pouvons alors nous sentir démembrées, amputées, en morceaux.

Il est important d'appréhender la guérison à travers un réassemblage de soi. Il s'agit de redécouvrir combien nous sommes complètes, chaque bout de nous étant relié aux autres comme les maillons d'une chaîne solide, à l'image de la chaîne de notre ADN. Ce faisant, nous nous unissons et construisons notre avenir.

MESSAGE

Avez-vous l'impression que certaines parties de votre corps ne vous appartiennent pas ou pas totalement, ou plus du tout ? Tranquillisez-vous, elles ne peuvent être qu'à vous : c'est votre corps.

Il arrive que nous nous sentions dissociées : comme dispersées, perdues. Il est alors nécessaire de se réunifier, corporellement déjà, puis mentalement. Cela peut passer par différentes actions : cesser de nous agiter, nous recentrer en méditant, nous isoler un moment si nous avons la sensation d'être trop sollicitées.

Remember. Faites appel à votre mémoire et souvenez-vous d'un moment durant lequel vous avez senti que votre corps et votre esprit ne faisaient qu'un. Quelles sont les sensations que vous renvoie ce souvenir ?

Chaque membre de votre corps est relié aux autres. Ensemble, ils forment un tout et fonctionnent magiquement, ils collaborent pour vous permettre de vivre. Prenez-en conscience à nouveau. Réarticulez-vous, remembrez-vous, rassemblez-vous.

SIGNIFICATIONS SUPPLÉMENTAIRES

- Vous avez l'impression d'être en mille morceaux.
- Souvenez-vous combien vous êtes unique et incroyable : vous êtes UNE !
- À l'image de *L'Homme de Vitruve*, vous êtes dorénavant complète, en lien avec la Terre et le Ciel.

Mise en application

Voici un exercice pour pratiquer la radiation du nombril. Quésaco ? Il s'agit d'un schème des prévertébrés (une étape de l'évolution de notre espèce, avant que la colonne vertébrale de l'être humain ne soit constituée de vertèbres), qui réunit nos six extrémités (nos deux mains, nos deux pieds, le sommet de notre tête et la pointe de notre coccyx) au centre de notre corps (le nombril).

Pour ce faire, vous pouvez vous rassembler sur le sol, en position fœtale, sur un flanc, avec toutes vos extrémités repliées autour de votre nombril. Puis éloigner le plus possible vos extrémités de votre centre pour vous déployer et vous étendre, en glissant sur le sol. Enfin, vous pouvez vous rassembler à nouveau autour de votre nombril et répéter le mouvement autant de fois que vous le souhaitez.

Jouez avec cette sensation de vous unir, de rassembler vos morceaux, de tisser des liens…

Pour aller plus loin
et partager vos découvertes
et vos émotions, écrivez à Patricia Olive :

@ contact@danseetsens.com

Découvrez également aux éditions Grancher...

L'Oracle des émotions

Trouvez l'équilibre dans vos émotions

L'Oracle de la communication animale

Traduisez les messages de votre animal

Le Tarot Tsipora Poros

Le Tarot de Marseille revisité, décalé, queer et féministe

L'Oracle du voyage intérieur

Livrez-vous à la connaissance de vous-même